भगत सिंह (1907–1931) एक प्रमुख भारतीय क्रांतिकारी और स्वतंत्रता सेनानी थे। उनका जन्म लायलपुर जिले (अब फैसलाबाद जिला, पाकिस्तान) के बंगा गाँव में हुआ था। वह एक राजनीतिक रूप से सक्रिय परिवार से ताल्लुक रखते थे। ब्रिटिश शासन के प्रति उनका कड़ा विरोध और उनके साथियों द्वारा ब्रिटिश शासकों के विरूद्ध किए गए हिंसक कार्यों के कारण, उन्हें अपनी मृत्यु के बाद लोक नायक (जननायक) का दर्जा मिला। ब्रिटिश सरकार ने उन्हें 23 वर्ष की उम्र में फाँसी दे दी।

नास्तिक और समाजवादी विचारधारा के समर्थक भगत सिंह को भारत में विभिन्न राजनीतिक धाराओं के लोगों का व्यापक समर्थन मिला था। वे अपने राजनीतिक विचारों को लेकर बेहद मुखर थे, उत्कृष्ट लेखक और जोशीले वक्ता थे, साथ ही उन्होंने अपने जीवनकाल में कई साहसिक क्रांतिकारी कार्य किए। यही कारण है कि आज भी वे लोकप्रिय कला और साहित्य में प्रेरणा के रूप में याद किए जाते हैं।

मैं नास्तिक क्यों हूँ और अन्य लेख

भगत सिंह

Om
नींव
An Imprint of Om Books International

पुनर्मुद्रण, 2026

Om
नींव An Imprint of Om Books International

ओम बुक्स इंटरनेशनल
कॉर्पोरेट एवं संपादकीय कार्यालय
ए-12, सेक्टर 64, नोएडा 201 301
उत्तर प्रदेश, भारत
फ़ोन : +91 120 477 4100
ईमेल : editorial@ombooks.com
वेबसाइट : www.ombooksinternational.com

विक्रय (सेल्स) कार्यालय
107, अंसारी रोड, दरियागंज
नई दिल्ली 110 002, भारत
फ़ोन : +91 11 4000 9000
ईमेल : sales@ombooks.com
वेबसाइट : www.ombooks.com

आईएसबीएन : 978-93-6395-781-7

भारत में मुद्रित

10 9 8 7 6 5 4 3 2

विषय-सूची

होली के दिन बहा खून : सलीब पर बब्बर अकाली

(सन् 1925–26 में भगत सिंह कानपुर में थे, जहाँ वे हिंदी साप्ताहिक 'प्रताप' में गणेश शंकर विद्यार्थी के माध्यम से काम कर रहे थे। इसी दौरान उन्होंने बब्बर अकाली आंदोलन के शहीदों पर एक लेख लिखा, जिसे उन्होंने 'एक पंजाबी युवक' (एक पंजाबी युवा) के नाम से हस्ताक्षरित किया। यह लेख 15 मार्च सन् 1926 को 'प्रताप' में प्रकाशित हुआ था।)

होली के दिन, 27 फरवरी सन् 1926 को, जब हम आनंद और उत्सव में मग्न थे, तब इस महान प्रांत के एक कोने में एक भयानक घटना घट रही थी। जब आप इसे सुनेंगे, तो सिहर उठेंगे! आपकी रूह काँप जाएगी! उस दिन, लाहौर सेंट्रल जेल में छह बहादुर बब्बर अकालियों को फाँसी दी गई। श्री किशन सिंहजी गड़गज्जा, श्री संता सिंहजी, श्री दिलीप सिंहजी, श्री नंद सिंहजी, श्री करम सिंहजी और श्री धर्म सिंहजी ने पिछले दो वर्षों से चल रहे मुकदमे को लेकर पूर्ण उदासीनता दिखाई थी, जो यह दर्शाता है कि वे इस दिन का बेसब्री से इंतजार कर रहे थे। महीनों बाद, न्यायधीश ने अपना फ़ैसला सुनाया। पाँच को फाँसी, कई को आजीवन कारावास या निर्वासन, और कुछ को लंबी सजाएँ दी गईं। आरोपित नायक गरजे। उनके विजय नारे आकाश तक में गूँजे। फिर एक अपील दायर की गई।

पाँच की जगह अब छह लोगों को फाँसी के फंदे पर भेजा गया। उसी दिन खबर आई कि एक दया याचिका भेजी गई है। पंजाब सचिव ने घोषणा की कि फाँसी रोक दी जाएगी। हम सभी उम्मीद लगाए बैठे थे, लेकिन अचानक, ठीक होली के दिन, हमने देखा कि कुछ शोकाकुल लोग उन वीरों के शवों को श्मशान की ओर ले जा रहे थे। फिर चुपचाप उनका अंतिम संस्कार कर दिया गया।

शहर में अभी भी होली का उत्सव चल रहा था। राहगीरों पर रंग डाले जा रहे थे। कितनी भयानक उदासीनता थी यह! यदि वे गलत मार्ग पर थे, यदि वे जोश में थे, तो उन्हें वैसे ही रहने दिया जाता। वे निडर देशभक्त थे, इसमें कोई संदेह नहीं था। जो कुछ भी उन्होंने किया, वह इस दुःखी देश के लिए किया। वे अन्याय को सहन नहीं कर सकते थे। वे अपनी पराधीन मातृभूमि की दुर्दशा देख नहीं सकते थे। गरीबों पर होने वाले अत्याचार उनके लिए असहनीय थे। वे जनता के शोषण को बर्दाश्त नहीं कर सकते थे, इसलिए उन्होंने चुनौती दी और क्रांति के मार्ग पर कूद पड़े। वे जीवन से भरपूर थे। ओह! उनके समर्पित कार्यों की कितनी भयानक कीमत चुकानी पड़ी उन्हें! तुम धन्य हो! मृत्यु के बाद, दोस्त और दुश्मन सभी समान हो जाते हैं–यही सच्चे इंसानों का आदर्श होता है। अगर उन्होंने कुछ गलत भी किया हो, तो भी उन्होंने अपने जीवन का बलिदान हमारे देश के लिए दिया। उनके साहस, देशभक्ति और समर्पण की सराहना तो उनके विरोधी भी कर सकते थे, जैसे बंगाल के वीर क्रांतिकारी जतिन मुखर्जी की मृत्यु पर उनके विरोधियों ने भी खुले दिल से उनकी बहादुरी की प्रशंसा की थी। लेकिन हम कायर और दयनीय लोग, इतना भी साहस नहीं रखते कि उनके लिए एक आह भर सकें या अपने उत्सव को एक क्षण के लिए रोक सकें। कितना दुखद कृत्य था यह! बेचारों को! यहाँ तक कि निर्दयी हुकूमत के मानकों के अनुसार भी उन्हें 'पर्याप्त' सजा दी गई। इस भयंकर त्रासदी का एक अध्याय समाप्त हो गया, लेकिन अभी पर्दा नहीं गिरा है। इस नाटक के और भी भयावह दृश्य आने बाकी हैं। यह कहानी बहुत लंबी है, और इसे पूरी तरह समझने के लिए हमें थोड़ा पीछे जाना होगा।

असहयोग आंदोलन अपने चरम पर था। पंजाब भी इसमें पीछे नहीं रहा। सिख समुदाय भी अपनी गहरी नींद से जाग उठा और यह

एक सच्ची जागरूकता थी। इसी दौरान अकाली आंदोलन की शुरुआत हुई। इसमें बहुत से बलिदान दिए गए। खालसा मिडिल स्कूल, महलपुर (जिला होशियारपुर) के पूर्व शिक्षक मास्टर मोटा सिंह ने एक जोशीला भाषण दिया। उनके खिलाफ गिरफ्तारी का वारंट जारी हुआ, लेकिन उन्होंने ब्रिटिश सरकार की 'मेहमाननवाजी' स्वीकार करने से मना कर दिया। वे जेलें भरने के लिए आत्मसमर्पण करने के पक्ष में नहीं थे। इसके बावजूद, उनके भाषण लगातार जारी रहे। कोट–फटूही गाँव में एक बड़ी ''दीवान'' (जनसभा) आयोजित की गयी। पुलिस ने चारों तरफ से इलाके की घेराबंदी कर दी, लेकिन फिर भी मास्टर मोटा सिंह ने अपना भाषण दिया। पूरी सभा अध्यक्ष के आदेश पर खड़ी हुई और शांतिपूर्वक वहाँ से चली गई। मास्टर मोटा सिंह रहस्यमय तरीके से बच निकलने में सफल रहे। यह आँख–मिचौली लंबे समय तक चलती रही। सरकार गुस्से और बेचैनी में थी। आखिरकार, एक मित्र गद्दार बन गया, और लगभग डेढ़ साल बाद मास्टर साहब गिरफ्तार कर लिए गए। यह उस भयानक नाटक का पहला दृश्य था।

'गुरु का बाग' आंदोलन शुरू हुआ। वहाँ किराए के गुंडे भेजे गए, जिन्होंने निहत्थे वीरों पर हमला किया और उन्हें अधमरा कर दिया। जो कोई भी यह देखता या सुनता, वह भावुक हुए बिना नहीं रह सकता था। चारों ओर बस गिरफ्तारियाँ ही गिरफ्तारियाँ हो रही थीं। सरदार किशन सिंहजी गड़गज्जा के खिलाफ भी गिरफ्तारी का वारंट जारी हुआ, लेकिन वे भी उसी विचारधारा के थे और आत्मसमर्पण के पक्ष में नहीं थे। पुलिस ने पूरी ताकत लगा दी, लेकिन वह हर बार बच निकलते। उनके पास अपनी एक अलग संगठनात्मक शक्ति थी। वे निहत्थे आंदोलनकारियों पर हो रही हिंसा को सहन नहीं कर सकते थे। उन्होंने महसूस किया कि इस अहिंसक आंदोलन के साथ–साथ हथियारों का सहारा लेना भी जरूरी है।

एक तरफ सरकार के खोजी कुत्ते सुराग पाने के लिए उसकी गंध खोज रहे थे, तो दूसरी तरफ चापलूसों (झोली चुक्कों) को 'सुधारने' का फैसला किया गया था। सरदार किशन सिंहजी कहा करते थे कि हमें अपनी सुरक्षा के लिए हमेशा हथियारों से सुसज्जित रहना चाहिए, लेकिन फिलहाल जल्दबाजी में कोई कदम नहीं उठाना चाहिए।

अधिकांश लोग इसके खिलाफ थे। अंत में यह तय हुआ कि उनमें से तीन लोग अपने नाम दें, सारा दोष अपने ऊपर लें और इन चापलूसों (झोली चुक्कों) को सुधारने का काम शुरू करें। सरदार करम सिंहजी, सरदार धन्ना सिंहजी और सरदार उदय सिंहजी आगे आए। अभी इस फैसले की उचितता पर विचार करने की बजाय, बस उस दृश्य की कल्पना करें जब उन्होंने शपथ ली :

हम देश की सेवा में अपना सब कुछ बलिदान कर देंगे। हम शपथ लेते हैं कि लड़ते–लड़ते जान दे देंगे, लेकिन जेल नहीं जाएंगे।

क्या ही सुंदर और पवित्र दृश्य रहा होगा, जब इन लोगों ने, जो अपने परिवारिक मोह–माया को त्याग चुके थे, ऐसी शपथ ली होगी! त्याग की कोई सीमा कहाँ है? साहस और निडरता की अंतिम सीमा कहाँ तक जाती है? आदर्शवाद की चरम अवस्था कहाँ स्थित होती है?

श्याम चौरासी–होशियारपुर रेलवे शाखा लाइन के पास एक स्टेशन के नजदीक, एक सूबेदार पहला शिकार बना। उसके बाद, इन तीनों ने अपने नाम घोषित कर दिए। सरकार ने उन्हें गिरफ्तार करने की पूरी कोशिश की, लेकिन नाकाम रही। सरदार किशन सिंह गड़गज्जा एक बार रूड़की कलाँ के पास पुलिस के जाल में लगभग फँस ही गए थे। उनके साथ एक युवा साथी था, जो घायल होकर गिर पड़ा और पकड़ा गया। लेकिन वहाँ भी, किशन सिंहजी ने अपने हथियारों की मदद से बच निकलने में सफलता पाई। रास्ते में उनकी मुलाकात एक साधु से हुई, जिसने उन्हें एक जड़ी–बूटी के बारे में बताया। साधु ने कहा कि उसके पास ऐसी जड़ी–बूटी है जो उनकी सभी योजनाओं को पूरा कर सकती है और चमत्कार कर सकती है। सरदारजी ने उस साधु पर विश्वास कर लिया और बिना हथियार लिए उससे मिलने गए। साधु ने उन्हें कुछ जड़ी–बूटियाँ दीं और कहा कि उन्हें तैयार करें, लेकिन इसी बीच उसने पुलिस को बुला लिया। सरदार साहब गिरफ्तार कर लिए गए। दरअसल, वह साधु सीआईडी विभाग का एक इंस्पेक्टर था। इसके बाद, बब्बर अकालियों ने अपनी गतिविधियाँ तेज कर दीं। कई सरकार समर्थक लोगों की हत्या कर दी गई। व्यास और सतलुज के बीच की दोआब भूमि, यानी जालंधर और होशियारपुर जिले, पहले से ही देश के राजनीतिक नक्शे पर महत्वपूर्ण थे। सन् 1915 के शहीदों में

भी अधिकांश लोग इन्हीं जिलों से थे। अब फिर से एक बड़ा आंदोलन खड़ा हो गया। पुलिस विभाग ने अपनी सारी शक्ति का उपयोग किया, जो पूरी तरह बेकार साबित हुआ। जालंधर के पास एक छोटी नदी है; उस नदी के किनारे एक गाँव में चौंटा साहिब गुरुद्वारा स्थित है। वहाँ श्री करम सिंहजी, श्री धन्ना सिंहजी, श्री उदय सिंहजी और श्री अनूप सिंहजी कुछ अन्य लोगों के साथ बैठे थे और चाय बना रहे थे। अचानक, श्री धन्ना सिंहजी ने कहा : 'बाबा करम सिंहजी! हमें तुरंत यह जगह छोड़ देनी चाहिए। मुझे किसी अशुभ घटना के होने का आभास हो रहा है।' पचहत्तर वर्ष के सरदार करम सिंह ने बिल्कुल भी ध्यान नहीं दिया, लेकिन श्री धन्ना सिंहजी अपने अठारह वर्षीय समर्थक दिलीप सिंह के साथ वहाँ से चले गए। अचानक, बाबा करम सिंह ने अनूप सिंह की ओर घूरकर देखा और कहा : 'अनूप सिंह, तुम अच्छे इंसान नहीं हो।' लेकिन इसके बाद वे खुद ही अपनी इस भविष्यवाणी को भूल गए। वे अभी बात कर ही रहे थे कि पुलिस ने ऐलान किया : 'विद्रोहियों को हमारे हवाले कर दो, नहीं तो गाँव जला दिया जाएगा।' लेकिन गाँव वालों ने हार नहीं मानी।

यह सब देखकर, वे स्वयं बाहर आ गए। अनूप सिंह बमों के साथ भागा और आत्मसमर्पण कर दिया। बाकी चार लोग चारों तरफ से घिरे खड़े थे। ब्रिटिश पुलिस कैप्टन ने कहा : 'करम सिंह! हथियार डाल दो, तुम्हें माफ कर दिया जाएगा।' लेकिन उस वीर ने चुनौती दी : 'हम अपनी मातृभूमि के लिए एक सच्चे क्रांतिकारी की तरह लड़ते–लड़ते शहीद हो जाएंगे, लेकिन अपने हथियार नहीं डालेंगे।' वह अपने साथियों को प्रेरित करता है। वे सभी शेरों की तरह गरजे। लड़ाई शुरू हो गई। चारों ओर गोलियाँ चलने लगीं। बाद में जब उनके पास गोला–बारूद समाप्त हो गया, तो वे बहादुर लोग नदी में कूद पड़े और कई घंटे तक लगातार संघर्ष करने के बाद वीरगति को प्राप्त हो गए।

सरदार करम सिंह पचहत्तर वर्ष के थे। वे कनाडा में रह चुके थे। उनका चरित्र पवित्र और व्यवहार बढ़िया था। सरकार ने यह निष्कर्ष निकाला कि बब्बर अकाली समाप्त हो चुके हैं, लेकिन वास्तव में उनकी शक्ति और बढ़ गई। अठारह वर्षीय दिलीप सिंह एक सुंदर, बलशाली और मजबूत शरीर वाला युवक था, लेकिन अशिक्षित था। वह पहले

एक डाकू गिरोह में शामिल था, लेकिन श्री धन्ना सिंहजी के संपर्क में आने से वह डाकू से एक सच्चा क्रांतिकारी बन गया। बंता सिंह और वरियाम सिंह जैसे कई कुख्यात डाकुओं ने भी डाकू जीवन छोड़ दिया और क्रांतिकारी दल में शामिल हो गए।

वे मौत से नहीं डरते थे। वे अपने पुराने पापों को धोने के लिए तैयार थे। उनकी संख्या दिन–ब–दिन बढ़ती जा रही थी। एक दिन, जब धन्ना सिंह मौहाना नामक गाँव में बैठे थे, पुलिस को बुला लिया गया। धन्ना सिंह नशे में थे और बिना किसी विरोध के पकड़ लिए गए। उनका रिवॉल्वर छीन लिया गया, हाथों में हथकड़ी डाल दी गई और उन्हें बाहर लाया गया। बारह पुलिसकर्मियों और दो ब्रिटिश अफसरों ने उन्हें घेर लिया। ठीक उसी समय, एक जोरदार धमाके की आवाज़ आई। यह बम था, जिसे धन्ना सिंहजी ने फोड़ा था। वे वहीं मौके पर शहीद हो गए, लेकिन उनके साथ एक ब्रिटिश अफसर और दस पुलिसकर्मी भी मारे गए। बाकी सभी बुरी तरह घायल हो गए।

इसी तरह, बंता सिंह, ज्वाला सिंह और कुछ अन्य क्रांतिकारियों को मुंदेर नामक गाँव में घेर लिया गया। वे सभी एक घर की छत पर इकट्ठा थे। गोलीबारी शुरू हुई, दोनों ओर से कुछ देर तक संघर्ष चला। लेकिन फिर, पुलिस ने पंप से मिट्टी का तेल छिड़ककर घर में आग लगा दी। बंता सिंह वहीं शहीद हो गए, लेकिन वरियाम सिंह वहाँ से भी बच निकलने में सफल रहे।

यहाँ कुछ और ऐसी ही घटनाओं का उल्लेख करना गलत नहीं होगा। बंता सिंह एक बहुत ही साहसी व्यक्ति थे। एक बार उन्होंने जालंधर छावनी में शस्त्रागार के एक पहरेदार से घोड़ा और राइफल छीन ली। उन दिनों कई पुलिस दल उनकी तलाश में जुटे थे। ऐसे ही एक दल का जंगल में उनसे सामना हो गया। सरदार साहेब ने तुरंत उन्हें ललकारते हुए कहा : 'अगर हिम्मत है तो मुझसे आकर मुकाबला करो!' उस तरफ धन के गुलाम थे, और इस तरफ अपने प्राणों की आहुति देने को तैयार क्रांतिकारी। इरादों की कोई तुलना नहीं थी। पुलिस दल डरकर पीछे हट गया।

यह हाल था उन विशेष पुलिस दलों का, जिन्हें बब्बर अकालियों को पकड़ने के लिए तैनात किया गया था। खैर, गिरफ्तारियाँ आम बात

हो गई थीं। लगभग हर गाँव में पुलिस चौकियाँ बना दी गईं। धीरे–धीरे, बब्बर अकालियों की शक्ति कम होने लगी। अब तक, ऐसा लग रहा था जैसे वे ही असली शासक हों। जहाँ भी वे जाते, कुछ लोग भय और आतंक के कारण तो कुछ लोग श्रद्धा से उनका स्वागत करते। समर्थकों का मनोबल टूट चुका था। वे इतनी दहशत में थे कि सूर्यास्त से सूर्योदय तक अपने घरों से बाहर निकलने की हिम्मत नहीं करते थे। वे उस समय के सच्चे वीर थे। वे बहादुर थे, और उनके प्रति श्रद्धा को वीरों की पूजा माना जाता था। लेकिन धीरे–धीरे, उनकी शक्ति घटने लगी। सैकड़ों लोग गिरफ्तार कर लिए गए, और उन पर मुकदमे चलाए गए।

वरियाम सिंह अकेले बच गए थे। वे लायलपुर की ओर बढ़ रहे थे, क्योंकि जालंधर और होशियारपुर में पुलिस का दबाव बहुत बढ़ चुका था। एक दिन, वहाँ भी उन्हें चारों तरफ से घेर लिया गया। लेकिन उन्होंने बहादुरी से लड़ते हुए बाहर निकलने का प्रयास किया। वह बेहद थक चुके थे। वह अकेले थे। स्थिति विकट थी। एक दिन, वे ढेसियान नामक गाँव में अपने मामा के घर गए। उनके हथियार बाहर रखे थे। भोजन करने के बाद जब वे अपने हथियारों की ओर बढ़ रहे थे, तभी पुलिस वहाँ पहुँच गई। उन्हें चारों तरफ से घेर लिया गया। एक ब्रिटिश अधिकारी ने उन्हें पीछे से पकड़ लिया। उन्होंने अपनी *कृपाण* (तलवार) से ब्रिटिश अधिकारी को बुरी तरह घायल कर दिया, और वह नीचे गिर पड़ा। उन्हें हथकड़ी पहनाने के सभी प्रयास विफल हो गए। लगभग दो वर्षों तक चले इस दमन के बाद, अकाली जत्थे का अंत हो गया। इसके बाद मुकदमों का सिलसिला शुरू हुआ, जिनमें से एक का वर्णन पहले किया जा चुका है। हाल ही में, उन्होंने जल्दी फाँसी दिए जाने की इच्छा जताई थी। उनकी यह अंतिम इच्छा पूरी हुई, और अब वे शांत हो गए हैं।

हे नौकरशाही, सावधान रहो!

(एक हस्तलिखित पर्चा, जिसमें सांडर्स की हत्या के कारणों की व्याख्या की गई थी, 18 दिसंबर सन् 1928 को मोज़ंग हाउस के ठिकाने पर लिखा गया और 18 और 19 दिसंबर की रात को लाहौर की दीवारों पर कई जगह चिपकाया गया। भगत सिंह की हस्तलिखित एक प्रति को लाहौर षड्यंत्र केस में साक्ष्य के रूप में प्रस्तुत किया गया था।)

हिंदुस्तान सोशलिस्ट रिपब्लिकन आर्मी (सूचना)

जे.पी. सांडर्स मारा गया; लाला लाजपत राय का बदला ले लिया गया।

सचमुच यह सोचना भयावह है कि एक साधारण पुलिस अधिकारी, जे.पी. सांडर्स, जो इतना नीच और हिंसक था, कभी यह साहस कर सकता था कि वह हिंदुस्तान के 30 करोड़ लोगों द्वारा इतने आदरणीय, सम्मानित और प्रिय एक वृद्ध व्यक्ति के शरीर को इस अपमानजनक तरीके से छू सके और इस प्रकार उसकी मृत्यु का कारण बने। भारत की युवा शक्ति और वीरता को उस प्रहार से ललकारा गया था, जो भारत की राष्ट्रीय अस्मिता के सिर पर किया गया था। और दुनिया को यह जान लेना चाहिए कि भारत अभी भी जीवित है; भारत के युवाओं का लहू अभी पूरी तरह ठंडा नहीं पड़ा है, और यदि उनके राष्ट्र के सम्मान पर संकट आता है, तो वे अब भी अपने प्राणों की आहुति देने के लिए तैयार हैं। और यह इस कार्य से सिद्ध हो गया है कि वे गुमनाम वीर, जिन्हें

हमेशा सताया गया, निंदा की गई और यहाँ तक कि अपने ही लोगों द्वारा तिरस्कृत किया गया, वे अब भी जीवित हैं और संघर्ष कर रहे हैं।

सावधान रहो, हे अत्याचारियों; सावधान रहो!

एक दबे–कुचले और शोषित राष्ट्र की भावना को नज़रअंदाज़ मत करो। ऐसे दुष्ट कर्म करने से पहले दो बार सोचो, और याद रखो कि 'आर्म्स एक्ट' और हथियारों की तस्करी पर कड़ी निगरानी के बावजूद, रिवॉल्वर हमेशा आते रहेंगे–भले ही वे सशस्त्र विद्रोह के लिए फिलहाल पर्याप्त न हों, लेकिन राष्ट्रीय अपमान का बदला लेने के लिए ज़रूर पर्याप्त होंगे।

अपने ही लोगों की निंदा और आलोचना के बावजूद, विदेशी सरकार के क्रूर दमन और उत्पीड़न के बावजूद, युवा क्रांतिकारियों की यह टोली हमेशा जीवित रहेगी, अहंकारी शासकों को सबक सिखाने के लिए। वे इतने साहसी होंगे कि विरोध और दमन की भीषण आँधी के बीच, यहाँ तक कि फांसी के तख्ते पर भी गर्जना करेंगे :

इंकलाब ज़िंदाबाद!

एक व्यक्ति की मृत्यु के लिए हमें खेद है। लेकिन इस व्यक्ति के साथ उस संस्था का प्रतिनिधि भी मरा है, जो इतना क्रूर, नीच और पतित है कि इसे समाप्त कर दिया जाना चाहिए। इस व्यक्ति के साथ ब्रिटिश सत्ता का एक एजेंट भी मरा है–जो दुनिया की सबसे अत्याचारी सरकार है।

एक इंसान के खून खराबे पर खेद है, लेकिन क्रांति की वेदी पर व्यक्तियों का बलिदान अवश्यंभावी है–एक ऐसी क्रांति जो सभी को स्वतंत्रता दिलाएगी और मनुष्य द्वारा मनुष्य के शोषण को असंभव बना देगी।

इंकलाब ज़िंदाबाद!

हस्ताक्षर / बलराज

शहीद सुखदेव के नाम पत्र

(यह पत्र एक क्रांतिकारी के जीवन में प्रेम और बलिदान के प्रश्न पर भगत सिंह के विचारों से संबंधित है। इसे 5 अप्रैल सन् 1929 को दिल्ली के सीताराम बाजार स्थित घर में लिखा गया था। इस पत्र को श्री शिव वर्मा द्वारा लाहौर ले जाया गया और सुखदेव को सौंपा गया। सुखदेव की गिरफ्तारी के समय, 13 अप्रैल को, यह पत्र उनके पास से बरामद हुआ और लाहौर षड्यंत्र केस में इसे एक साक्ष्य के रूप में प्रस्तुत किया गया।)

प्रिय भाई,

जब तक तुम्हें यह पत्र मिलेगा, मैं जा चुका हूँगा, एक अनन्त यात्रा पर। मैं तुम्हें यह विश्वास दिलाना चाहता हूँ कि मैं इस यात्रा के लिए पूरी तरह तैयार हूँ, भले ही यहाँ की मीठी यादें और जीवन के सभी आकर्षण मुझे बाँधने की कोशिश करें। आज तक, एक बात मेरे दिल को चुभती रही, और वह यह कि मेरे अपने भाई, मेरे सगे भाई ने मुझे गलत समझा और मुझ पर एक बहुत गंभीर आरोप लगाया—कमजोरी का आरोप। आज, मैं पूरी तरह संतुष्ट हूँ; आज, पहले से कहीं अधिक, मुझे महसूस हो रहा है कि वह सब सिर्फ एक गलतफहमी थी, एक गलत आकलन। मेरी बेबाकी को बड़बोलापन समझ लिया गया, और मेरी स्वीकृति को मेरी कमजोरी। लेकिन अब मुझे विश्वास हो गया है कि यह केवल एक गलतफहमी थी, और कुछ नहीं। मैं कमजोर नहीं हूँ, भाई, हममें से किसी

से भी कमजोर नहीं। मैं साफ दिल से जा रहा हूँ, क्या तुम भी अपने दिल को साफ कर सकोगे? यदि हाँ, तो यह तुम्हारी बहुत बड़ी कृपा होगी। लेकिन ध्यान रहे, तुम्हें कोई भी जल्दबाजी में कदम नहीं उठाना है। शांत और धैर्यपूर्वक अपने कार्य को आगे बढ़ाना है। शुरू में ही कोई जोखिम उठाने की कोशिश मत करना। तुम्हारा समाज के प्रति भी एक कर्तव्य है, जिसे तुम इसी कार्य को जारी रखकर पूरा कर सकते हो। एक सुझाव के रूप में, मैं कहना चाहूँगा कि एम.आर. शास्त्री अब मुझे पहले से भी अधिक उपयुक्त लगते हैं। कोशिश करो कि उन्हें इस क्षेत्र में लाया जाए, बशर्ते कि वे स्वयं इसके लिए तैयार हों और आने वाले अंधकारमय भविष्य को भली–भांति समझते हों। उन्हें लोगों के बीच रहने दो, उनके विचारों और मनोविज्ञान को समझने दो। यदि वे सही भावना से काम करेंगे, तो वे खुद बेहतर निर्णय ले सकेंगे। व्यवस्था वैसे ही करना जैसा तुम्हें उचित लगे। अब, भाई, हमें प्रसन्न रहना चाहिए।

वैसे, मैं यह कहे बिना नहीं रह सकता कि जिस विषय पर चर्चा हो रही थी, उस पर एक बार फिर अपनी बात रखूँ। मैं फिर से जोर देकर कहना चाहता हूँ कि मैं महत्वाकांक्षा, आशा और जीवन के आकर्षण से भरा हुआ हूँ। लेकिन आवश्यकता पड़ने पर मैं इन सबका त्याग कर सकता हूँ, और यही सच्चा बलिदान होता है। ये चीजें किसी भी इंसान के मार्ग में बाधा नहीं बन सकतीं, बशर्ते कि वह सच्चा इंसान हो। आने वाले समय में तुम्हें इसका व्यावहारिक प्रमाण मिल जाएगा। जब हम किसी के चरित्र पर चर्चा कर रहे थे, तब तुमने मुझसे एक सवाल पूछा था–क्या प्रेम किसी व्यक्ति के लिए कभी सहायक साबित हुआ है? आज मैं इस सवाल का जवाब देता हूँ–हाँ, हुआ है। मेज़िनी के लिए यह सहायक साबित हुआ था। तुमने ज़रूर पढ़ा होगा कि जब उसकी पहली क्रांति पूरी तरह असफल हो गई और उसे करारी हार का सामना करना पड़ा, तो वह अपने मृत साथियों की याद और उस पीड़ा को सहन नहीं कर सका। वह या तो पागल हो जाता या आत्महत्या कर लेता, अगर उसे उस लड़की का पत्र न मिला होता जिससे वह प्रेम करता था। उसी पत्र ने उसे मज़बूती से खड़ा रहने की शक्ति प्रदान की, बल्कि कहना चाहिए कि उसने सबसे अधिक मज़बूती दिखाई। जहाँ तक प्रेम के नैतिक पक्ष की बात है, तो मैं कहूँगा कि प्रेम अपने आप में

सिर्फ एक *भावना* है, लेकिन यह कोई पशु–सुलभ भावना नहीं, बल्कि मानवीय भावना है, और बहुत मधुर भी। प्रेम कभी भी पशुत्व की ओर नहीं ले जाता। सच्चा प्रेम हमेशा मनुष्य के चरित्र को ऊँचा उठाता है, उसे कभी गिरने नहीं देता–बशर्ते कि वह वास्तव में प्रेम हो। फिल्मों में जो पागल प्रेमी–प्रेमिकाएँ दिखाए जाते हैं, उन्हें हम प्रेमी नहीं कह सकते। वे केवल अपनी वासनाओं के हाथों खेलते हैं। सच्चा प्रेम कभी बनाया नहीं जा सकता, यह अपने आप जन्म लेता है। कोई यह नहीं कह सकता कि प्रेम कब और कैसे होगा। यह पूरी तरह स्वाभाविक है। और मैं तुम्हें यह बताना चाहता हूँ कि एक युवक और युवती एक–दूसरे से प्रेम कर सकते हैं, और अपने प्रेम की सहायता से वे अपनी वासनाओं पर विजय पा सकते हैं तथा अपनी पवित्रता बनाए रख सकते हैं। मैं यहाँ एक बात स्पष्ट करना चाहता हूँ; जब मैंने कहा था कि प्रेम में मानवीय कमजोरियाँ होती हैं, तो मेरा यह कहना आम मनुष्यों के लिए नहीं था, खासकर उस स्तर पर जहाँ आमतौर पर लोग होते हैं। लेकिन वह तो सबसे आदर्श अवस्था होगी, जब मनुष्य इन सभी भावनाओं; प्रेम, घृणा, आदि; पर पूरी तरह विजय पा लेगा और केवल तर्क को ही अपने कार्यों का आधार बनाएगा। लेकिन वर्तमान समय में, प्रेम बुरा नहीं है, बल्कि यह मनुष्य के लिए अच्छा और उपयोगी है। इसके अलावा, जब मैंने प्रेम की आलोचना की थी, तो मैंने केवल एक व्यक्ति के प्रति एक व्यक्ति के प्रेम की बात की थी, और वह भी एक आदर्श स्थिति में। इसके बावजूद, मनुष्य के भीतर प्रेम की भावना सबसे प्रबल होनी चाहिए, लेकिन उसे केवल एक व्यक्ति तक सीमित नहीं रखना चाहिए, बल्कि उसे सार्वभौमिक बनाना चाहिए। अब, मुझे लगता है कि मैंने अपनी स्थिति स्पष्ट कर दी है। एक बात मैं तुमसे विशेष रूप से कहना चाहता हूँ; हम, अपने सभी क्रांतिकारी विचारों के बावजूद, अब भी अत्यधिक आदर्शवादी आर्य समाजी नैतिकता की धारणा से पूरी तरह मुक्त नहीं हो पाए हैं। हम चाहे कितनी भी क्रांतिकारी बातें कर लें, लेकिन जब वास्तविक जीवन में अमल करने का समय आता है, तो हम शुरू में ही डरने लगते हैं। मैं तुमसे विनती करता हूँ कि तुम इस मानसिकता को छोड़ दो। और क्या मैं, बिना किसी भय या संकोच के, तुमसे यह अनुरोध कर सकता हूँ कि तुम अपने अत्यधिक आदर्शवाद को थोड़ा कम करो? उन लोगों के

प्रति कठोर मत बनो, जो पीछे रह जाएँगे और मेरी ही तरह इस पीड़ा के शिकार होंगे। उन्हें डाँट–फटकार कर उनकी तकलीफ और मत बढ़ाओ। उन्हें तुम्हारी सहानुभूति की आवश्यकता है। क्या मैं दोबारा कह सकता हूँ कि तुम किसी भी व्यक्ति के प्रति कोई दुर्भावना रखे बिना, उन लोगों के प्रति सहानुभूति रखोगे, जिन्हें इसकी सबसे ज़्यादा ज़रूरत है? लेकिन तुम इन चीज़ों को तब तक पूरी तरह नहीं समझ पाओगे, जब तक खुद इस पीड़ा के शिकार नहीं होते। पर मैं यह सब क्यों लिख रहा हूँ? क्योंकि मैं हमेशा ईमानदार रहना चाहता था। अब मैंने अपना दिल हल्का कर लिया है।

तुम्हारी सफलता और सुखी जीवन की कामना करता हूँ।

तुम्हारा,
भगत सिंह

लाल पर्चा

(यह दस्तावेज मुख्य रूप से भगत सिंह द्वारा लिखा गया था। 8 अप्रैल सन् 1929 को, भगत सिंह और बटुकेश्वर दत्त ने दिल्ली के सेंट्रल असेंबली हॉल में दो बम फेंकने के बाद इस पर्चे की प्रतियाँ फ़र्श पर बिखेर दीं।)

हिंदुस्तान सोशलिस्ट रिपब्लिकन आर्मी (सूचना)

'बहरों को सुनाने के लिए जोरदार आवाज़ की ज़रूरत होती है' : इन अमर शब्दों को फ्रांस के वीर अराजकतावादी शहीद वेलियंट ने एक ऐसी ही घटना के समय कहा था। इन्हीं शब्दों के साथ, हम अपने इस कार्य को पूरी मज़बूती से सही ठहराते हैं।

पिछले दस वर्षों में सुधारों (मॉन्टेग्यू–चेम्सफोर्ड सुधार) के कामकाज का अपमानजनक इतिहास दोहराए बिना और इस सदन–तथाकथित भारतीय संसद के माध्यम से भारतीय राष्ट्र पर किए गए अपमानों का उल्लेख किए बिना, हम यह बताना चाहते हैं कि जब लोग साइमन कमीशन से कुछ और सुधारों की उम्मीद कर रहे हैं और मिलने वाले टुकड़ों के बँटवारे को लेकर आपस में झगड़ रहे हैं, तब सरकार हम पर पब्लिक सेफ्टी बिल और ट्रेड डिस्प्यूट्स बिल जैसे नए दमनकारी कानून थोप रही है, जबकि प्रेस सेडिशन बिल को अगले सत्र के लिए बचाकर रखा गया है। खुलेआम काम कर रहे मजदूर नेताओं की मनमानी गिरफ्तारियाँ यह साफ दिखाती हैं कि हालात किस ओर जा रहे हैं।

इन अत्यधिक उकसाने वाली परिस्थितियों में, हिंदुस्तान सोशलिस्ट रिपब्लिकन एसोसिएशन ने पूरी गंभीरता और ज़िम्मेदारी को समझते हुए यह फैसला लिया और अपनी सेना को इस विशेष कार्य को अंजाम देने का आदेश दिया। इसका उद्देश्य इस अपमानजनक नाटक को समाप्त करना था और विदेशी नौकरशाही शोषकों को जो करना है करने देना है, लेकिन उन्हें जनता के सामने उनके असली, नग्न रूप में लाना आवश्यक था।

जनता के प्रतिनिधि अपने–अपने संभावित मतदाता क्षेत्रों में लौटें और आने वाली क्रांति के लिए जनसमूह को तैयार करें। साथ ही, सरकार को यह साफ समझ लेना चाहिए कि हम पब्लिक सेफ्टी बिल, ट्रेड डिस्प्यूट्स बिल और लाला लाजपत राय की निर्मम हत्या के विरोध में, भारत की असहाय जनता की ओर से यह संदेश देना चाहते हैं कि इतिहास हमें बार–बार एक महत्वपूर्ण सीख देता आया है–व्यक्तियों की हत्या करना आसान है, लेकिन विचारों को नहीं मारा जा सकता। महान साम्राज्य ढह गए, लेकिन विचार जीवित रहे। बोर्बन शासक और रूसी जार खत्म हो गए, जबकि क्रांति विजयी रूप से आगे बढ़ रही थी।

हमें यह स्वीकार करने में दुःख हो रहा है कि हम, जो मानव जीवन को अत्यंत पवित्र मानते हैं, जो एक ऐसे सुनहरे भविष्य का सपना देखते हैं, जहाँ मनुष्य पूर्ण शांति और स्वतंत्रता का आनंद ले सके, हमें विवश होकर मानव रक्त बहाना पड़ा। लेकिन 'महान क्रांति' के लिए व्यक्तियों का बलिदान अनिवार्य है–एक ऐसी क्रांति जो सभी को स्वतंत्रता दिलाएगी और मनुष्य द्वारा मनुष्य के शोषण को हमेशा के लिए समाप्त कर देगी।

इंकलाब ज़िंदाबाद![1]

हस्ताक्षर,

बलराज[2]

प्रमुख कमांडर

---

1. यह नारा (इंकलाब ज़िंदाबाद!) भारतीय स्वतंत्रता संग्राम का सबसे प्रसिद्ध और स्थायी नारा बन गया। भगत सिंह और बटुकेश्वर दत्त ने जून 1929 में बम फेंकने की घटना से जुड़े मुकदमे के दौरान अदालत में इस नारे को बार–बार दोहराया।

2. 'बलराज' हिंदुस्तान सोशलिस्ट रिपब्लिकन आर्मी के प्रमुख कमांडर चंद्रशेखर आज़ाद का छद्म नाम (लेखनीय नाम) था।

अधीक्षक, सीआईडी को पत्र

(31 मई, 1929)

अधीक्षक (विशेष कार्य)
सीआईडी (राजनीतिक शाखा)
लाहौर

महोदय,
मुझे अत्यंत कृतज्ञता होगी यदि आप मुझे मेरे पिता से मिलने की अनुमति प्रदान करें, क्योंकि मुझे दिल्ली केस से संबंधित अपने बचाव पक्ष के वकील के लिए कुछ अत्यंत महत्वपूर्ण निर्देश देने हैं।

मुझे आशा है कि आप इसे इस आधार पर अस्वीकार नहीं करेंगे कि मैं पहले ही एक मुलाकात कर चुका हूँ, क्योंकि यह मामला अत्यंत आवश्यक है।

आपकी अनुकंपा की अपेक्षा में,

भवदीय
भगत सिंह

संयुक्त बयान

सेंट्रल असेंबली बम कांड में सरदार भगत सिंह और बटुकेश्वर दत्त का पूरा बयान

(यह बयान 6 जून सन् 1929 को अदालत में श्री आसफ अली द्वारा भगत सिंह और बटुकेश्वर दत्त की ओर से पढ़ा गया।)

हम पर कुछ गंभीर आरोप लगाए गए हैं, और इस चरण में यह आवश्यक है कि हम अपने कार्यों का स्पष्टीकरण दें।

इस संदर्भ में निम्नलिखित प्रश्न उठते हैं।

1. क्या असेंबली हॉल में बम फेंके गए थे? यदि हाँ, तो क्यों?
2. निचली अदालत द्वारा लगाए गए आरोप सही हैं या नहीं?

पहले प्रश्न के पहले भाग का हमारा उत्तर 'हाँ' में है। लेकिन कुछ तथाकथित 'चश्मदीदों' ने झूठी गवाही दी है और हम उस हद तक अपनी ज़िम्मेदारी से मना नहीं कर रहे हैं, इसलिए हमारे बयान को उसी आधार पर परखा जाए, जितना वह सही है। उदाहरण के तौर पर, हम यह कहना चाहेंगे कि सार्जेंट टेरी द्वारा दी गई गवाही, जिसमें उन्होंने कहा कि हममें से एक के पास से पिस्तौल बरामद की गई थी, पूरी तरह झूठी है। क्योंकि जब हमने आत्मसमर्पण किया, उस समय हमारे पास कोई पिस्तौल नहीं थी। इसके अलावा, अन्य गवाहों ने भी हमारे द्वारा बम फेंकने की झूठी गवाही देने में कोई संकोच नहीं किया। यह तथ्य

उन लोगों के लिए एक गंभीर चेतावनी है, जो न्यायिक शुचिता (निष्पक्ष न्याय) और न्यायप्रियता की बात करते हैं। हालाँकि, हम यह स्वीकार करते हैं कि अब तक सार्वजनिक अभियोजक का रवैया निष्पक्ष रहा है और अदालत का दृष्टिकोण भी न्यायसंगत रहा है।

वायसराय के विचारों का समर्थन किया गया

हम पहले प्रश्न के अगले भाग के उत्तर में पूरी और ईमानदार व्याख्या प्रदान करने के लिए कुछ विस्तार में जाने के लिए बाध्य हैं, ताकि हमारा उद्देश्य और उन परिस्थितियों को स्पष्ट किया जा सके, जो अब एक ऐतिहासिक घटना बन चुकी है।

जब हमें जेल में कुछ पुलिस अधिकारियों ने बताया कि लॉर्ड इरविन ने दो सदनों के संयुक्त सत्र में अपने भाषण में इस घटना को किसी व्यक्ति पर नहीं, बल्कि एक संस्था पर किया गया हमला बताया, तो हम तुरंत समझ गए कि इस घटना के वास्तविक महत्व को सही ढंग से समझा गया है। हम मानवता से प्रेम करने में किसी से पीछे नहीं हैं। हमें किसी भी व्यक्ति से कोई दुश्मनी नहीं है, बल्कि हम मानव जीवन को शब्दों से परे पवित्र मानते हैं। न तो हम कायरतापूर्ण अत्याचार करने वाले हैं और न ही देश के लिए किसी शर्मिंदगी का कारण हैं, जैसा कि नकली समाजवादी दीवान चमनलाल ने हमें बताया था। और न ही हम 'पागल' हैं, जैसा कि लाहौर के द *ट्रिब्यून* और कुछ अन्य लोग हमें मानने लगे थे।

व्यावहारिक विरोध

हम विनम्रतापूर्वक यह दावा करते हैं कि हम अपने देश के इतिहास, परिस्थितियों और उसकी आकांक्षाओं के केवल गंभीर छात्र मात्र हैं। हम पाखंड से घृणा करते हैं। हमारा व्यावहारिक विरोध उस संस्था के खिलाफ था, जिसने अपनी स्थापना के बाद से न केवल अपनी निरर्थकता को प्रदर्शित किया है, बल्कि अपनी व्यापक विनाशकारी शक्ति को भी प्रकट किया है। जितना अधिक हमें यह विश्वास हुआ कि यह संस्था केवल दुनिया के सामने भारत के अपमान और असहायता को

दिखाने के लिए मौजूद है और यह एक गैर–ज़िम्मेदार और निरंकुश शासन के सर्वोच्च प्रभुत्व का प्रतीक है। बार–बार जनता के प्रतिनिधियों ने राष्ट्रीय माँगों को आगे बढ़ाया, लेकिन अंत में वे सिर्फ कचरे की टोकरी में डाल दी गईं।

संस्था पर प्रहार

गंभीर प्रस्ताव, जो सदन में पारित किए गए, उन्हें तथाकथित भारतीय संसद के फ़र्श पर बेरहमी से रौंद दिया गया। दमनकारी और मनमाने कानूनों को रद्द करने से संबंधित प्रस्तावों को पूरी तरह से उपेक्षा के साथ खारिज कर दिया गया, और जिन सरकारी उपायों और प्रस्तावों को विधायिकाओं के निर्वाचित सदस्यों ने अस्वीकार्य मानकर ठुकरा दिया था, उन्हें महज एक कलम के झटके से फिर से लागू कर दिया गया। संक्षेप में, हमें उस संस्था के अस्तित्व के लिए कोई उचित कारण नहीं मिला, जो अपनी सारी भव्यता और चमक–धमक के बावजूद, भारत के करोड़ों मेहनतकश लोगों की गाढ़ी कमाई से बनाई गई केवल एक खोखली दिखावट और भ्रामक छलावा मात्र है। इसी तरह, हम उन जननेताओं की मानसिकता को भी नहीं समझ सके, जो सरकार की मदद करते हैं कि वह जनता का समय और धन इस तरह के साफ तौर पर पूर्व–नियोजित दिखावे पर बर्बाद करे, जो भारत की असहाय पराधीनता का प्रमाण भर है।

श्रमिकों के लिए कोई आशा नहीं

हम इन सभी मुद्दों पर विचार कर रहे थे, साथ ही श्रमिक आंदोलन के नेताओं की बड़े पैमाने पर हुई गिरफ्तारियों पर भी। जब ट्रेड डिस्प्यूट्स बिल (व्यापार विवाद विधेयक) पेश किया गया और हम इसकी प्रगति को देखने के लिए विधानसभा में गए, तो वहाँ हुई बहस ने हमारे इस विश्वास को और मज़बूत कर दिया कि भारत के करोड़ों श्रमिकों को उस संस्था से कोई उम्मीद नहीं रखनी चाहिए, जो शोषकों के हितों की रक्षा करने और असहाय मज़दूरों को गुलामी की जंजीरों में जकड़ने का भयावह प्रतीक बन चुकी थी।

अंततः, हमारे विचार में यह अमानवीय और बर्बर कानून पूरे देश के प्रतिनिधियों के समर्पित सिर पर अपमान की तरह थोप दिया गया, और भूख से जूझ रहे तथा संघर्ष कर रहे करोड़ों लोगों को उनके मौलिक अधिकार और अपने आर्थिक सुधार का एकमात्र साधन छीन लिया गया।

जो कोई भी हमारी तरह उन मज़दूरों के दर्द को महसूस करता है, जो चुपचाप कठोर श्रम करने के लिए मजबूर हैं, वह इस अन्यायपूर्ण दृश्य को शांत भाव से नहीं देख सकता था। जिसका दिल उन लोगों के लिए धड़कता है, जिन्होंने खामोशी से अपना खून–पसीना बहाकर देश की आर्थिक संरचना खड़ी की, वह इस निर्मम प्रहार से हमारे दिल से निकली हुई इस पीड़ा की पुकार को दबा नहीं सकता।

बम की आवश्यकता

अतः, हमने दिवंगत श्री एस.आर. दास, जो कभी गवर्नर–जनरल की कार्यकारी परिषद् के विधि सदस्य रहे थे, के उन शब्दों को ध्यान में रखा, जो उन्होंने अपने प्रसिद्ध पत्र में अपने पुत्र को लिखे थे कि 'बम आवश्यक था ताकि इंग्लैंड अपनी गहरी नींद से जाग सके।' इसी विचार को ध्यान में रखते हुए, हमने विधानसभा कक्ष के फ़र्श पर बम गिराया, ताकि उन लोगों की ओर से अपना विरोध दर्ज करा सकें, जिनके पास अपनी हृदयविदारक पीड़ा को व्यक्त करने का कोई और साधन नहीं बचा था। हमारा एकमात्र उद्देश्य 'बहरों को सुनाना; और जो अनसुना कर रहे थे, उन्हें समय रहते चेतावनी देना था। जैसे हमने महसूस किया, वैसे ही और भी लोगों ने इस पीड़ा को गहराई से महसूस किया है। भारतीय जनता के इस शांत प्रतीत होने वाले सागर के नीचे एक प्रचंड तूफान उमड़ रहा है, जो फूटने ही वाला है। हमने केवल 'खतरे का संकेत' दिया है, ताकि उन लोगों को सचेत कर सकें जो बिना किसी परवाह के तेजी से आगे बढ़ रहे हैं, जबकि उनके सामने गंभीर संकट खड़ा है। हमने केवल आदर्शवादी अहिंसा के उस युग का अंत चिह्नित किया है, जिसकी निष्फलता को उभरती हुई पीढ़ी अब बिना किसी संदेह के समझ चुकी है।

आदर्श की व्याख्या

हमने पिछले अनुच्छेद में 'आदर्शवादी अहिंसा' शब्द का प्रयोग किया है, जिसकी कुछ व्याख्या आवश्यक है। बल (शक्ति) जब आक्रामक रूप से प्रयोग किया जाता है, तो वह 'हिंसा' कहलाता है और नैतिक रूप से अनुचित होता है। लेकिन जब यह किसी न्यायसंगत उद्देश्य की प्राप्ति के लिए उपयोग किया जाता है, तो इसे नैतिक रूप से उचित ठहराया जा सकता है। किसी भी कीमत पर बल के संपूर्ण उन्मूलन की सोच मात्र आदर्शवादी कल्पना है। देश में जो नया आंदोलन जन्म ले रहा है, जिसकी आहट के रूप में हमने यह चेतावनी दी है, वह उसी आदर्श से प्रेरित है, जिसने गुरु गोबिंद सिंह और शिवाजी, कमाल पाशा और रजा खान, वाशिंगटन और गैरीबाल्डी, लाफायेट और लेनिन का मार्गदर्शन किया था।

चूँकि विदेशी सरकार और भारतीय जननेता, दोनों ही इस आंदोलन के अस्तित्व के प्रति अपनी आँखें मूँद चुके थे, हमें लगा कि यह हमारा उत्तरदायित्व है कि हम ऐसी जगह चेतावनी दें, जहाँ इसे अनसुना न किया जा सके। अब तक हमने इस घटना के पीछे के उद्देश्य पर चर्चा की है, और अब हमें अपनी नीयत की सीमा को स्पष्ट करना होगा।

किसी से व्यक्तिगत दुश्मनी नहीं

हमारे मन में उन लोगों के प्रति कोई व्यक्तिगत दुश्मनी या द्वेष नहीं था, जिन्हें मामूली चोटें आईं, और न ही असेंबली में किसी अन्य व्यक्ति के प्रति कोई विद्वेष था। इसके विपरीत, हम दोहराते हैं कि हम मानव जीवन को शब्दों से परे पवित्र मानते हैं और किसी को नुकसान पहुँचाने की बजाय, मानवता की सेवा में अपना जीवन बलिदान करना अधिक उचित समझेंगे। हम उन साम्राज्यवादी सेनाओं के पेशेवर सैनिकों की तरह नहीं हैं, जिन्हें बिना किसी संवेदना के मारने के लिए प्रशिक्षित किया जाता है। बल्कि, हम मानव जीवन का सम्मान करते हैं और जहाँ तक हमारे बस में होता है, उसे बचाने का प्रयास करते हैं। फिर भी, हम स्वीकार करते हैं कि हमने जानबूझकर असेंबली हॉल में बम फेंके। लेकिन तथ्य

अपने आप सब कुछ स्पष्ट कर देंगे, और हमारे इरादों का मूल्यांकन आदर्शवादी कल्पनाओं या पूर्वधारणाओं के आधार पर नहीं, बल्कि इस कार्य के परिणामों से किया जाना चाहिए।

कोई चमत्कार नहीं

सरकारी विशेषज्ञों की गवाही के बावजूद, जो बम असेंबली हॉल में फेंके गए, उन्होंने केवल एक खाली बेंच को हल्का नुकसान पहुँचाया और आधा दर्जन से भी कम लोगों को मामूली खरोंच आई। जहाँ सरकारी वैज्ञानिक और विशेषज्ञ इस नतीजे को 'चमत्कार' मान रहे हैं, वहीं हमें इसमें कोई चमत्कार नहीं दिखता। हमारे लिए यह पूरी घटना एक सटीक वैज्ञानिक प्रक्रिया के अलावा कुछ नहीं थी। पहली बात, दोनों बम लकड़ी के बेरियर के भीतर खाली स्थानों में फटे, जहाँ डेस्क और बेंच थीं। दूसरी बात, जो लोग विस्फोट के केवल दो फीट के दायरे में थे, जैसे श्री पी. राव, श्री शंकर राव और सर जॉर्ज शस्टर, वे या तो बिल्कुल भी घायल नहीं हुए या फिर उन्हें सिर्फ मामूली खरोंचें आईं। सरकारी विशेषज्ञ द्वारा बताए गए बम की क्षमता (हालाँकि उनकी कल्पनाशील गणना अतिरंजित थी) के अनुसार, यदि इनमें पोटेशियम क्लोरेट और संवेदनशील (विस्फोटक) पिक्रेट का प्रभावी चार्ज होता, तो ये लकड़ी के बेरियर को तोड़ देते और विस्फोट के कुछ गज के दायरे में कई लोगों को गिरा सकते थे।

अगर इन बमों में कोई और अधिक शक्तिशाली विस्फोटक भरा होता, या इनमें विनाशकारी छर्रे या लोहे की कीलें डाली गई होतीं, तो वे असेंबली के अधिकांश सदस्यों को गंभीर रूप से घायल या समाप्त करने के लिए पर्याप्त होते। इसके अलावा, हम चाहते तो इन्हें आधिकारिक बॉक्स की ओर भी फेंक सकते थे, जहाँ उस समय कई महत्वपूर्ण व्यक्ति उपस्थित थे। अंत में, यदि हमारा उद्देश्य कुछ और होता, तो हम सर जॉन साइमन पर भी घात लगाकर हमला कर सकते थे, जिनका दुर्भाग्यपूर्ण आयोग सभी जागरूक और जिम्मेदार लोगों द्वारा घृणा की दृष्टि से देखा जाता था। उस समय वह अध्यक्ष दीर्घा में बैठे थे। लेकिन ये सभी बातें हमारी नीयत से परे थीं। हमारे बमों ने सिर्फ वही किया,

जिसके लिए वे बनाए गए थे। इस पूरे घटनाक्रम में कोई चमत्कार नहीं था, बल्कि यह सिर्फ हमारी सटीक योजना और सावधानीपूर्वक लक्ष्य साधने का परिणाम था, जिससे वे सुरक्षित स्थानों पर गिरे।

इसके बाद, हमने जानबूझकर अपने आपको दंड के लिए प्रस्तुत किया, ताकि साम्राज्यवादी शोषकों को यह बताया जा सके कि व्यक्तियों को कुचलने से विचारों को नहीं मारा जा सकता। दो तुच्छ व्यक्तियों को समाप्त कर देने से एक पूरे राष्ट्र को दबाया नहीं जा सकता। हम इतिहास से मिले उस सबक को दोहराना चाहते थे कि फ्रांस में क्रांतिकारी आंदोलन को वहाँ की बास्टील जेलों और शाही फरमानों से दबाया नहीं जा सका। फांसी और साइबेरिया की खदानें भी रूसी क्रांति को समाप्त नहीं कर सकीं। 'खूनी रविवार' और 'ब्लैक एंड टैंस' भी आयरिश स्वतंत्रता आंदोलन को नहीं रोक सके। तो क्या भारत में कठोर अध्यादेशों और 'सेफ्टी बिल्स' से स्वतंत्रता की ज्वाला को बुझाया जा सकता है? क्या झूठे षड्यंत्र केस गढ़कर या खोजकर, और उन सभी युवाओं को कैद करके, जो एक महान आदर्श का सपना देखते है, क्रांति की गति को रोका जा सकता है? लेकिन यदि समय रहते चेतावनी को गंभीरता से लिया जाए, तो जान–माल की हानि और व्यापक पीड़ा से बचा जा सकता है। हमने यह चेतावनी देना अपना कर्तव्य समझा, और अब हमारा कर्तव्य पूरा हो चुका है।

(निचली अदालत में भगत सिंह से पूछा गया कि उन्होंने 'क्रांति' शब्द से क्या तात्पर्य लिया है। इसके उत्तर में उन्होंने कहा : 'क्रांति' का अर्थ अनिवार्य रूप से रक्तपात या हिंसक संघर्ष नहीं होता, न ही इसमें किसी व्यक्तिगत प्रतिशोध के लिए कोई स्थान है। यह बम और पिस्तौल की पूजा करने का नाम नहीं है। 'क्रांति' से हमारा आशय यह है कि वर्तमान व्यवस्था, जो स्पष्ट अन्याय पर आधारित है, उसे बदलना ही होगा। उत्पादक और श्रमिक, जो समाज के लिए सबसे आवश्यक तत्व हैं, उन्हें शोषक उनके परिश्रम के फलों से वंचित कर देते हैं और उनके मूलभूत अधिकारों से उन्हें वंचित कर दिया जाता है। किसान, जो सभी के लिए अन्न उपजाता है, खुद अपने परिवार सहित भूखा मरता है। बुनकर, जो विश्व बाजार के लिए कपड़े तैयार करता है, उसके पास इतना भी नहीं कि अपने और अपने बच्चों के तन को ढक सके। राजमिस्त्री, लोहार और बढ़ई, जो भव्य महलों का निर्माण करते

हैं, झुग्गियों में अछूतों की तरह जीवन बिताने को मजबूर हैं। पूँजीपति और शोषक, जो समाज के परजीवी हैं, अपनी मनमर्ज़ी और विलासिता पर करोड़ों लुटा देते हैं। यह भीषण असमानता और अवसरों की जबरन विषमता अनिवार्य रूप से अराजकता की ओर ले जाएगी। यह स्थिति ज्यादा समय तक नहीं चल सकती। यह स्पष्ट है कि मौजूदा सामाजिक व्यवस्था, जो आनंदोत्सव में मग्न है, एक ज्वालामुखी के किनारे खड़ी है, जो कभी भी फट सकता है।

यदि समय रहते इस सभ्यता की पूरी संरचना को नहीं बचाया गया, तो यह ढह जाएगी। इसलिए, एक मूलभूत परिवर्तन आवश्यक है, और जो लोग इस वास्तविकता को समझते हैं, उनका कर्तव्य है कि वे समाज को समाजवादी आधार पर पुनर्गठित करें। जब तक यह नहीं किया जाता और मनुष्य द्वारा मनुष्य के शोषण तथा राष्ट्रों द्वारा राष्ट्रों के शोषण का अंत नहीं होता, तब तक मानवता जिस दुःख और विनाश की ओर बढ़ रही है, उसे रोका नहीं जा सकता। युद्ध समाप्त करने और विश्व शांति का युग लाने की सारी बातें केवल ढोंग और पाखंड हैं।

'क्रांति' से हमारा आशय ऐसी सामाजिक व्यवस्था की अंतिम स्थापना से है, जो इस तरह के पतन के खतरे से मुक्त हो। यह एक ऐसी व्यवस्था होगी, जिसमें श्रमिक वर्ग की सर्वोच्चता को स्वीकार किया जाए और एक विश्व महासंघ का निर्माण हो, जो मानवता को पूँजीवाद की गुलामी और साम्राज्यवादी युद्धों की पीड़ा से मुक्त कर सके।

यही हमारा आदर्श है, और इसी विचारधारा को अपनी प्रेरणा बनाकर हमने एक स्पष्ट और जोरदार चेतावनी दे दी है।

यदि, फिर भी, इस चेतावनी को अनसुना कर दिया जाता है और वर्तमान शासन प्रणाली प्राकृतिक परिवर्तन की शक्तियों के मार्ग में बाधा बनी रहती है, तो एक भीषण संघर्ष अवश्यंभावी होगा। इस संघर्ष में हर बाधा को समाप्त किया जाएगा, और श्रमिक वर्ग की सर्वोच्च सत्ता की स्थापना की जाएगी, ताकि क्रांति के आदर्श की पूर्णता का मार्ग प्रशस्त हो सके।

क्रांति मानव जाति का अपरिहार्य अधिकार है। स्वतंत्रता सभी का जन्मसिद्ध अधिकार है। श्रम ही समाज का वास्तविक आधार है। अंततः, श्रमिक ही अपने भाग्य के अंतिम स्वामी हैं।

इन आदर्शों और इस आस्था के लिए, हम हर कष्ट का स्वागत करेंगे, चाहे हमें कोई भी दंड दिया जाए। क्रांति की इस पावन वेदी पर, हमने अपनी युवा अवस्था की आहुति चढ़ा दी है, क्योंकि इतने महान उद्देश्य के लिए कोई भी बलिदान बहुत बड़ा नहीं होता। हम संतुष्ट हैं। हम क्रांति के आगमन की प्रतीक्षा कर रहे हैं।

'इंकलाब ज़िंदाबाद!'

पंजाब के (कारागार) महानिरीक्षक को पत्र

मियांवाली जेल

(17 जून, सन् 1929)

(बेहतर उपचार की माँग को लेकर जेल में लंबे संघर्ष की भूमिका।)

सेवा में
कारागार महानिरीक्षक,
पंजाब जेल

मान्यवर,

हालांकि मुझे अन्य युवकों के साथ सांडर्स गोलीकांड मामले में अभियोग का सामना करना पड़ा है, फिर भी मुझे दिल्ली से मियांवाली जेल स्थानांतरित कर दिया गया है। इस मामले की सुनवाई 26 जून, सन् 1929 से शुरू होनी है। मैं इस प्रकार के स्थानांतरण के पीछे का तर्क पूरी तरह से समझने में असमर्थ हूँ। जो भी हो, न्याय की माँग है कि हर

विचाराधीन कैदी को वे सभी सुविधाएँ दी जाएँ जो उसे अपने मुकदमे की तैयारी और उसकी पैरवी में मदद कर सकें। मैं यहाँ रहते हुए किसी वकील की नियुक्ति कैसे कर सकता हूँ? मेरे पिता और अन्य परिजनों से संपर्क बनाए रखना भी मुश्किल हो गया है। यह स्थान काफी दूर–दराज़ और एकांत में है; यहाँ तक पहुँचने का मार्ग मुश्किल है और यह लाहौर से बहुत दूर है।

अतः मैं आपसे अनुरोध करता हूँ कि मुझे तत्काल लाहौर सेंट्रल जेल स्थानांतरण का आदेश दिया जाए ताकि मुझे अपने मुकदमे की तैयारी का उचित अवसर मिल सके। मुझे उम्मीद है कि इस पर शीघ्र ही विचार किया जाएगा।

सादर,
भगत सिंह

अनशनकारियों की माँगें

(भगत सिंह और बटुकेश्वर दत्त को दिल्ली असेंबली बम कांड में आजीवन कारावास की सजा सुनाई गई थी। सजा के बाद, उन्हें क्रमशः मियांवाली और लाहौर जेल में स्थानांतरित कर दिया गया। उन्होंने जेल में राजनीतिक कैदियों के लिए बेहतर सुविधाओं की माँग को लेकर अनशन शुरू कर दिया। कुछ दिनों बाद, भगत सिंह को भी मियांवाली से लाहौर सेंट्रल जेल भेज दिया गया, जहाँ पहले से ही दत्त मौजूद थे। उन्होंने संयुक्त रूप से भारत सरकार के गृह सदस्य को एक पत्र लिखा, जिसमें अपनी माँगों को स्पष्ट रूप से रखा। यहीं से जेल में राजनीतिक कैदियों के लिए बेहतर उपचार की माँग को लेकर एक लंबा संघर्ष शुरू हुआ।)

सेंट्रल जेल
लाहौर
24 जून, सन् 1929

हम, भगत सिंह और बटुकेश्वर दत्त को 19 अप्रैल सन् 1929 को दिल्ली असेंबली बम कांड में आजीवन कारावास की सजा सुनाई गई थी। जब तक हम दिल्ली जेल में विचाराधीन कैदी थे, हमें बहुत अच्छा व्यवहार और सुविधाएँ प्रदान की गईं। लेकिन जब हमें दिल्ली जेल से मियांवाली और लाहौर सेंट्रल जेल में स्थानांतरित किया गया, तो हमने उच्च

अधिकारियों को एक आवेदन लिखा, जिसमें बेहतर भोजन और कुछ अन्य बुनियादी सुविधाओं की माँग की। जब हमारी माँगें नहीं मानी गई, तो हमने जेल का दिया हुआ भोजन लेने से मना कर दिया।

हमारी माँगें इस प्रकार थीं :

राजनीतिक कैदियों के रूप में हमें बेहतर भोजन दिया जाए, और हमारे भोजन का स्तर कम से कम यूरोपीय कैदियों के भोजन के स्तर के बराबर हो। (हम एक जैसा भोजन नहीं, बल्कि एक जैसा गुणवत्ता स्तर माँग रहे हैं।)

हमसे कोई भी कठोर या अपमानजनक श्रम कार्य जबरन न कराया जाए।

प्रतिबंधित पुस्तकों को छोड़कर सभी पुस्तकें और लेखन सामग्री बिना किसी रोक–टोक के हमें उपलब्ध कराई जाएं।

हर राजनीतिक कैदी को कम से कम एक मानक दैनिक समाचार पत्र उपलब्ध कराया जाए।

हर जेल में राजनीतिक कैदियों के लिए एक विशेष वार्ड होना चाहिए, जिसमें सभी आवश्यक सुविधाएँ यूरोपीय कैदियों के समान उपलब्ध कराई जाएं। साथ ही, एक ही जेल में मौजूद सभी राजनीतिक कैदियों को उसी वार्ड में रखा जाए।

शौचालय संबंधी आवश्यक सुविधाएँ उपलब्ध कराई जाएं।

बेहतर पहनने के लिए कपड़े दिए जाएं।

हमने उपरोक्त माँगों को स्पष्ट रूप से रखा है। ये सभी बिल्कुल न्यायसंगत और उचित माँगे हैं। लेकिन जेल अधिकारियों ने हमें सूचित किया कि उच्च अधिकारी हमारी माँगों को मानने से मना कर चुके हैं।

इसके अलावा, जब हमें जबरन भोजन दिया जाता है, तो हमारे साथ बहुत दुर्व्यवहार किया जाता है। 10 जून, सन् 1929 को जब भगत सिंह को जबरन खिलाया गया, तो वे लगभग 15 मिनट तक बेहोश पड़े रहे। हम अनुरोध करते हैं कि यह अमानवीय प्रक्रिया तत्काल रोकी जाए।

इसके अतिरिक्त, हम यह भी उल्लेख करना चाहेंगे कि पं. जगत नारायण और के.बी. हाफिज हिदायत हुसैन द्वारा यूपी जेल समिति में की गई सिफारिशों पर ध्यान दिया जाए। उन्होंने सिफारिश की थी कि राजनीतिक कैदियों को 'बेहतर श्रेणी के कैदी' के रूप में रखा जाए।

हम आपसे विनम्र अनुरोध करते हैं कि हमारी माँगों पर शीघ्र विचार किया जाए।

'राजनीतिक कैदी' से हमारा तात्पर्य उन सभी व्यक्तियों से है, जिन्हें राज्य के विरूद्ध अपराधों के लिए दोषी ठहराया गया है। उदाहरण के लिए, लाहौर षड्यंत्र केस (1915–17), काकोरी षड्यंत्र केस और देशद्रोह के अन्य मामलों में दोषी ठहराए गए लोग।

सादर,
भगत सिंह
बटुकेश्वर दत्त

पंजाब छात्र सम्मेलन के नाम संदेश

(द्वितीय पंजाब छात्र सम्मेलन 19 अक्टूबर, सन् 1929 को लाहौर में नेताजी सुभाष चंद्र बोस की अध्यक्षता में आयोजित किया गया। भगत सिंह ने इस अवसर का लाभ उठाते हुए छात्रों को एक संदेश भेजा, जिसमें उन्होंने उन्हें आगामी 1930–31 के आंदोलन में पूरे जोश और समर्पण के साथ भाग लेने तथा क्रांति के संदेश को देश के दूर–दराज़ के कोनों तक पहुँचाने का आह्वान किया। इस संदेश पर बटुकेश्वर दत्त और भगत सिंह दोनों के हस्ताक्षर थे। जब यह संदेश खुले सत्र में पढ़ा गया, तो छात्रों ने गगनभेदी जयकारों और 'भगत सिंह ज़िंदाबाद!' के नारों के साथ इसका जोशीला स्वागत किया।)

साथियों,

आज हम युवाओं से पिस्तौल और बम उठाने को नहीं कह सकते। आज छात्रों के सामने इससे भी महत्वपूर्ण ज़िम्मेदारी है। आने वाले लाहौर अधिवेशन में कांग्रेस देश की पूर्ण स्वतंत्रता के लिए एक प्रचंड संघर्ष का आह्वान करने वाली है। इस कठिन समय में युवाओं को इस संघर्ष का बड़ा भार उठाना होगा, क्योंकि यह राष्ट्र के इतिहास का एक निर्णायक दौर है। यह सत्य है कि छात्रों ने स्वतंत्रता संग्राम में अग्रिम पंक्ति में रहते हुए मृत्यु तक का सामना किया है। क्या वे इस बार उसी अडिग संकल्प और आत्मविश्वास को साबित करने में हिचकिचाएँगे? युवाओं

को क्रांति का यह संदेश देश के कोने–कोने तक पहुँचाना होगा। उन्हें शहरों की झुग्गियों में रहने वाले करोड़ों मज़दूरों और जर्जर झोपड़ियों में जीवन बिताने वाले ग्रामीणों को जागृत करना होगा, ताकि हम स्वतंत्र हो सकें और मनुष्य द्वारा मनुष्य के शोषण का अंत सुनिश्चित हो सके। पंजाब को राजनीतिक रूप से पिछड़ा माना जाता है, और यह स्थिति बदलना भी युवाओं की ज़िम्मेदारी है। शहीद यतीन्द्र नाथ दास से प्रेरणा लेते हुए और देश के प्रति असीम श्रद्धा रखते हुए, युवाओं को यह साबित करना होगा कि वे स्वतंत्रता संग्राम में अडिग संकल्प और साहस के साथ संघर्ष कर सकते हैं।

'इंकलाब ज़िंदाबाद' के नारे पर

(श्री रामानंद चटर्जी, जो *मॉडर्न रिव्यू* के संपादक थे, ने एक संपादकीय टिप्पणी के माध्यम से 'इंकलाब ज़िंदाबाद' के नारे का मज़ाक उड़ाया और इसका पूरी तरह गलत अर्थ प्रस्तुत किया। इस पर भगत सिंह ने एक जवाब लिखा और इसे न्यायाधीश को सौंप दिया, ताकि यह *मॉडर्न रिव्यू* तक पहुँचा दिया जाए। बाद में यह 24 दिसंबर, सन् 1929 को *'द ट्रिब्यून'* में प्रकाशित हुआ।)

सेवा में,
संपादक,
मॉडर्न रिव्यू

आपने अपनी प्रतिष्ठित पत्रिका के दिसंबर (1929) अंक में 'इंकलाब ज़िंदाबाद' शीर्षक के तहत एक टिप्पणी लिखी है और इस वाक्यांश की निरर्थकता की ओर संकेत किया है। हम जैसे साधारण व्यक्तियों के लिए आप जैसे अनुभवी, वरिष्ठ और सम्मानित पत्रकार की बात का खंडन करना या उसे अस्वीकार करना अनुचित होगा। आप जैसे विद्वान और प्रबुद्ध व्यक्ति के प्रति हर जागरूक भारतीय के मन में गहरी श्रद्धा है। फिर भी, हमारा यह कर्तव्य बनता है कि हम स्पष्ट करें कि इस नारे से हमारा क्या तात्पर्य है, क्योंकि किसी न किसी रूप में इस नारे को इस समय देशभर में प्रचारित करने की ज़िम्मेदारी हम पर भी आई है।

हम इस नारे के मूल प्रवर्तक नहीं हैं। यह नारा पहले भी रूसी क्रांति आंदोलन में प्रयोग किया जा चुका है। प्रसिद्ध समाजवादी लेखक अप्टन सिंक्लेयर ने भी अपने हालिया उपन्यासों *'बॉस्टन'* और *'ऑयल'* में इसे कुछ अराजकतावादी क्रांतिकारी पात्रों के माध्यम से प्रस्तुत किया है। इस नारे का अर्थ निरंतर रक्तरंजित संघर्ष बनाए रखना नहीं है और न ही यह कहता है कि कुछ भी स्थिर नहीं रह सकता, यहाँ तक कि अल्प समय के लिए भी। लंबे समय तक उपयोग में रहने के कारण, यह नारा एक विशिष्ट अर्थ और भावनात्मक महत्त्व प्राप्त कर चुका है। हो सकता है कि व्याकरण या शब्द–व्युत्पत्ति के दृष्टिकोण से यह पूर्णतः उचित न हो, लेकिन फिर भी इससे जुड़े विचारों और मूल उद्देश्यों को नज़रअंदाज़ नहीं किया जा सकता। इस प्रकार के सभी नारे एक व्यापक अर्थ व्यक्त करते हैं, जो आंशिक रूप से उनसे जुड़े विचारों से विकसित होता है और आंशिक रूप से उनमें निहित रहता है। उदाहरण के लिए, जब हम 'जतीन दास अमर रहें' का नारा लगाते हैं, तो इसका अर्थ यह नहीं होता कि जतीन दास शारीरिक रूप से जीवित रहें। हमारे इस नारे का आशय यह होता है कि उनके जीवन का महान आदर्श, वह अडिग संकल्प जिसने उस वीर शहीद को अत्यधिक कष्ट सहने और अपने लक्ष्य के लिए बलिदान देने में सक्षम बनाया, वह चिरकाल तक जीवित रहे। हम इस नारे के माध्यम से उसी क्रांतिकारी भावना का आह्वान करते हैं, ताकि हम भी अपने उद्देश्यों को प्राप्त करने के लिए अडिग साहस और अटूट संकल्प का परिचय दें।

इसी प्रकार, 'क्रांति' शब्द की व्याख्या भी शाब्दिक अर्थ में नहीं की जानी चाहिए। इस शब्द को अलग–अलग लोग अपने–अपने हितों के अनुसार अलग–अलग अर्थों और महत्वों के साथ जोड़ते हैं। शोषण की स्थापित व्यवस्थाओं के लिए, यह शब्द रक्तरंजित आतंक की भावना उत्पन्न करता है। क्रांतिकारियों के लिए, यह एक पवित्र आदर्श है। हमने दिल्ली सत्र न्यायालय में असेम्बली बम केस के मुकदमे के दौरान अपने बयान में यह स्पष्ट करने का प्रयास किया था कि हम 'क्रांति' शब्द से क्या तात्पर्य रखते हैं।

हमने अपने बयान में स्पष्ट किया था कि क्रांति का अर्थ अनिवार्य रूप से रक्तरंजित संघर्ष नहीं होता। क्रांति बम और पिस्तौल की पूजा

नहीं है। ये केवल एक साधन हो सकते हैं, लेकिन स्वयं क्रांति का पर्याय नहीं। निस्संदेह, कुछ आंदोलनों में ये साधन महत्वपूर्ण भूमिका निभाते हैं, लेकिन इसका अर्थ यह नहीं क्रांति और हिंसा एक ही चीज हैं। विद्रोह और क्रांति में अंतर होता है। हर विद्रोह क्रांति नहीं होता। अंततः, क्रांति उस लक्ष्य तक पहुँच सकती है। लेकिन 'क्रांति' शब्द का वास्तविक अर्थ उस ज्वलंत भावना से है, जो एक बेहतर बदलाव की आकांक्षा को दर्शाता है। अक्सर लोग स्थापित व्यवस्था के आदी हो जाते हैं और किसी भी परिवर्तन की कल्पना मात्र से काँपने लगते हैं। यही जड़ता और निष्क्रियता की मानसिकता है, जिसे क्रांतिकारी चेतना से बदलने की आवश्यकता है। यदि ऐसा न किया जाए, तो संकीर्ण सोच और प्रतिक्रियावादी शक्तियाँ हावी हो जाती हैं, जिससे संपूर्ण मानवता पथभ्रष्ट हो जाती है। इस स्थिति में समाज रुका हुआ और निष्क्रिय हो जाता है, जिससे मानव प्रगति ठहराव और पतन की ओर बढ़ने लगती है। क्रांति की भावना सदैव मानवता की आत्मा में प्रवाहित होनी चाहिए, ताकि प्रतिक्रियावादी शक्तियाँ इतनी मज़बूत न हो जाएँ कि वे समाज की सतत प्रगति को रोक सकें। पुरानी व्यवस्था को हमेशा नई व्यवस्था के लिए स्थान छोड़ना चाहिए, ताकि कोई एक 'अच्छी' व्यवस्था भी समाज को भ्रष्ट न कर सके। इसी अर्थ में हम 'इंकलाब ज़िंदाबाद' का नारा बुलंद करते हैं।

सादर,
भगत सिंह
बटुकेश्वर दत्त

लाहौर उच्च न्यायालय की पीठ के समक्ष दिया गया बयान

(मूल अंग्रेजी पाठ उपलब्ध नहीं हो सका; हालांकि, हिंदी और उर्दू अनुवाद उपलब्ध हैं। इसलिए, इसे हिंदी से दोबारा अनुवादित किया गया। इस प्रभावशाली बयान के माध्यम से भगत सिंह ने सत्र न्यायालय के फैसले की बुनियाद को ध्वस्त कर दिया और उद्देश्य के महत्व पर जोर दिया। उन्होंने तर्क दिया कि किसी आरोपी के अपराध का न्याय करते समय उसके कार्य के पीछे की मंशा को प्रमुख आधार बनाया जाना चाहिए।)

माइ लॉर्ड्स,

हम न तो वकील हैं, न ही अंग्रेज़ी भाषा के विशेषज्ञ, और न ही किसी डिग्री के धारक। इसलिए, हमसे कोई प्रभावशाली भाषण देने की अपेक्षा न करें। हम केवल यही प्रार्थना करते हैं कि हमारे बयान की भाषा संबंधी गलतियों पर ध्यान देने के बजाय, आप उसकी वास्तविक भावना को समझने का प्रयास करें।

बाकी सभी बिंदुओं को हमारे वकीलों पर छोड़ते हुए, मैं केवल एक ही मुद्दे पर बात करूंगा। यह मामला इस मुद्दे पर बहुत हद तक निर्भर करता है। मुद्दा यह है कि हमारा इरादा क्या था और हम कितने दोषी हैं। यह एक बहुत जटिल प्रश्न है, और कोई भी आपके सामने उस

मानसिक ऊँचाई को नहीं व्यक्त कर सकता, जिसने हमें इस विशेष तरीके से सोचने और कार्य करने के लिए प्रेरित किया। हम चाहते हैं कि हमारे उद्देश्य और हमारे अपराध का मूल्यांकन करते समय इस बात को ध्यान में रखा जाए। प्रसिद्ध न्यायविद सोलोमन के अनुसार, किसी व्यक्ति को उसके अपराध के लिए दंडित नहीं किया जाना चाहिए यदि उसका उद्देश्य कानून के खिलाफ न हो।

हमने सत्र न्यायालय में एक लिखित बयान प्रस्तुत किया था। उस बयान में हमारे उद्देश्य स्पष्ट रूप से बताए गए थे और इसी के साथ हमारी नीयत भी स्पष्ट होती थी। लेकिन माननीय न्यायाधीश ने उसे एक झटके में कलम से खारिज कर दिया और कहा कि 'सामान्यतः कानून का प्रभाव इस बात से प्रभावित नहीं होता कि किसी ने अपराध कैसे या क्यों किया। इस देश में अपराध के उद्देश्य का कानूनी टिप्पणियों में बहुत कम उल्लेख किया जाता है।'

माइ लॉर्ड्स, हमारा तर्क यह है कि इन परिस्थितियों में माननीय न्यायाधीश को या तो हमारे कृत्य के परिणाम के आधार पर या फिर हमारे बयान के मानसिक पक्ष को ध्यान में रखते हुए हमारा न्याय करना चाहिए था। लेकिन उन्होंने इन दोनों में से किसी भी पहलू पर विचार नहीं किया।

जो महत्वपूर्ण बात विचार करने योग्य है, वह यह है कि जो दो बम हमने असेंबली में फेंके, उन्होंने किसी को शारीरिक या आर्थिक रूप से कोई नुकसान नहीं पहुंचाया। ऐसे में हमें दी गई सजा न केवल अत्यधिक कठोर है, बल्कि बदले की भावना से भी प्रेरित लगती है। इसके अलावा, किसी व्यक्ति के अपराध का न्याय करने के लिए उसकी मानसिकता और उद्देश्य को समझना आवश्यक होता है। बिना उद्देश्य को जाने किसी के साथ न्याय नहीं किया जा सकता। यदि उद्देश्य को नजरअंदाज़ कर दिया जाए, तो दुनिया के सबसे बड़े सेनापति भी साधारण हत्यारे नज़र आएंगे, राजस्व अधिकारी चोर और ठग लगेंगे, और न्यायाधीश भी हत्या के दोषी ठहरा दिए जाएंगे। इस प्रकार, यदि उद्देश्य को नज़रअंदाज़ कर दिया जाए, तो पूरा सामाजिक तंत्र और सभ्यता केवल हत्या, चोरी और धोखाधड़ी तक सीमित रह जाएगी। सरकार को भी अपने नागरिकों और अधिकारियों से बलिदान की कोई उम्मीद रखने का अधिकार नहीं

रहेगा। यदि उद्देश्य को महत्व न दिया जाए, तो हर धार्मिक उपदेशक को झूठा और हर पैगंबर को भोले और अज्ञानी लोगों को गुमराह करने वाला समझा जाएगा।

यदि हम उद्देश्य को अलग रख दें, तो ईसा मसीह भी एक ऐसे व्यक्ति नज़र आएंगे, जो अशांति फैलाने, शांति भंग करने और विद्रोह का प्रचार करने के दोषी थे। कानूनी भाषा में उन्हें 'खतरनाक व्यक्ति' कहा जाता। लेकिन हम उनकी पूजा करते हैं। वे हमारे हृदय में अत्यंत सम्मान का स्थान रखते हैं, और उनकी छवि हमारे भीतर आध्यात्मिक भावनाओं को जागृत कर देती है। ऐसा क्यों? क्योंकि उनके कार्यों के पीछे एक महान आदर्श की प्रेरणा थी। लेकिन उस समय के शासक उस महान आदर्शवाद को समझ नहीं सके। उन्होंने केवल उनके बाहरी कार्यों को देखा और उन्हें अपराधी मान लिया। अब उन घटनाओं को उन्नीस शताब्दी बीत चुकी हैं। क्या हमने इस दौरान कोई प्रगति नहीं की? क्या हम वही गलती फिर से दोहराने जा रहे हैं? यदि ऐसा है, तो हमें यह स्वीकार करना होगा कि मानवता के सारे बलिदान, शहीदों के सारे प्रयास व्यर्थ थे और ऐसा लगेगा कि हम आज भी वहीं खड़े हैं, जहाँ बीस शताब्दी पहले खड़े थे।

कानूनी दृष्टिकोण से भी उद्देश्य (नीयत) का प्रश्न विशेष महत्व रखता है। उदाहरण के लिए जनरल डायर को लीजिए। उसने गोलियां चलाकर सैकड़ों निर्दोष और निहत्थे लोगों की हत्या कर दी। लेकिन मिलिट्री कोर्ट ने उसे फांसी देने का आदेश नहीं दिया। बल्कि, उसे लाखों रुपये का ईनाम दिया गया। एक और उदाहरण देखें, श्री खड़ग बहादुर सिंह, जो एक युवा गोरखा थे। उन्होंने कोलकाता में एक मारवाड़ी की हत्या कर दी। यदि नीयत को दरकिनार कर दिया जाए, तो खड़ग बहादुर सिंह को फांसी दी जानी चाहिए थी। लेकिन उन्हें केवल कुछ वर्षों की मामूली सजा दी गई। इतना ही नहीं, उन्हें उनकी सजा पूरी होने से पहले ही रिहा कर दिया गया। अब सवाल यह उठता है, क्या कानून में कोई खामी थी, जिससे वे फांसी से बच गए? या फिर उन पर हत्या का आरोप साबित नहीं हुआ था? हमारी ही तरह, उन्होंने भी अपने कार्य की पूरी ज़िम्मेदारी स्वीकार की थी। लेकिन वे मौत की सजा से बच गए और वह आज आज़ाद हैं। मैं आपकी हुकूमत से पूछता

हूँ, माइ लॉर्ड्स, कि उन्हें फांसी की सजा क्यों नहीं दी गई? उनका कृत्य पूरी तरह सोचा–समझा और योजनाबद्ध था। नीयत (उद्देश्य) के नज़रिये से देखें, तो उनका कार्य हमारे मुकाबले कहीं अधिक गंभीर और घातक था। फिर भी, उन्हें मामूली सजा दी गई। क्यों? क्योंकि उनकी नीयत अच्छी थी। उन्होंने समाज को एक गंदे परजीवी से बचाया, जिसने कई मासूम युवा लड़कियों का शोषण किया था। खड़ग सिंह को केवल कानून की औपचारिकता निभाने के लिए हल्की सजा दी गई।

यह सिद्धांत कि कानून (उद्देश्य को ध्यान में नहीं रखता) पूरी तरह असंगत और निरर्थक है। यह कानून के मूलभूत सिद्धांतों के विरुद्ध है, जो कहता है कि, 'कानून मनुष्य के लिए है, न कि मनुष्य कानून के लिए।' तो फिर, यही सिद्धांत हम पर लागू क्यों नहीं किया जा रहा? यह बिल्कुल स्पष्ट है कि खड़ग सिंह को दोषी ठहराते समय उनकी नीयत का ध्यान रखा गया था। अगर ऐसा न होता, तो कोई भी हत्यारा फांसी के फंदे से नहीं बच सकता। क्या हमें कानून के इस सामान्य लाभ से इसलिए वंचित किया जा रहा है क्योंकि हमारा अपराध सरकार के खिलाफ है या फिर इसलिए कि हमारे कार्य का राजनीतिक महत्व है?

माइ लॉर्ड्स, इन परिस्थितियों में, हमें यह कहने की अनुमति प्रदान करें कि जो सरकार इतने नीच तरीकों का सहारा लेती है, उसे अस्तित्व में रहने का कोई अधिकार नहीं है। यदि ऐसी सरकार अस्तित्व में है, तो वह केवल कुछ समय के लिए ही टिक सकती है, और वह भी हज़ारों निर्दोष लोगों के खून के बोझ के साथ। यदि कानून नीयत को नहीं देखता, तो न्याय संभव नहीं है, और न ही स्थायी शांति स्थापित हो सकती है।

आटे में आर्सेनिक (जहर) मिलाना अपराध नहीं माना जाएगा, यदि इसका उद्देश्य चूहों को मारना हो। लेकिन यदि इसका उद्देश्य किसी मनुष्य की हत्या करना हो, तो यह हत्या का अपराध बन जाता है। इसलिए, ऐसे कानून जो तर्क की कसौटी पर खरे नहीं उतरते और न्याय के सिद्धांतों के खिलाफ हैं, उन्हें समाप्त कर देना चाहिए। इन्हीं अन्यायपूर्ण कानूनों के कारण कई महान बुद्धिजीवियों को विद्रोह के मार्ग को अपनाना पड़ा।

हमारे मामले से जुड़ी वास्तविकताएं बिल्कुल सरल हैं। हमने 8 अप्रैल सन् 1929 को असेंबली में दो बम फेंके। विस्फोट के परिणामस्वरूप कुछ लोगों को मामूली खरोंचें आईं। सभा कक्ष में अफरा–तफरी मच गई। सैकड़ों दर्शक और असेंबली सदस्य बाहर भाग गए। लेकिन मेरे मित्र बटुकेश्वर दत्त और मैं वहीं दर्शक दीर्घा में बैठे रहे और स्वयं को गिरफ्तारी के लिए प्रस्तुत कर दिया। इसके बाद हम पर हत्या के प्रयास का मुकदमा चलाया गया और हमें आजीवन कारावास की सजा सुनाई गई। जैसा कि ऊपर बताया गया है, बम विस्फोट के परिणामस्वरूप केवल चार या पाँच लोगों को हल्की चोटें आईं और एक बेंच क्षतिग्रस्त हुई। हमने बिना किसी प्रतिरोध के स्वयं को गिरफ्तारी के लिए प्रस्तुत कर दिया। सत्र न्यायाधीश ने भी यह स्वीकार किया कि यदि हमारा इरादा भागने का होता, तो हम आसानी से भाग सकते थे। हमने अपना अपराध स्वीकार किया और एक बयान देकर अपनी स्थिति स्पष्ट की। हमें सजा से कोई भय नहीं है, लेकिन हम यह भी नहीं चाहते कि हमें गलत समझा जाए। न्यायाधीश ने हमारे बयान के कुछ महत्वपूर्ण अंश हटा दिए, जो हमारी वास्तविक स्थिति के लिए हानिकारक साबित हो सकते हैं।

हमारे बयान के पूरे पाठ का ठीक से अध्ययन करने पर यह स्पष्ट हो जाएगा कि, हमारे अनुसार, हमारा देश एक नाजुक दौर से गुज़र रहा है। हमने आने वाले संकट को पहले ही देख लिया था और हमें उचित लगा कि समय रहते जोरदार आवाज़ में चेतावनी दी जाए। हमने जिस तरीके को उचित समझा, उसी तरीके से यह चेतावनी दी। हो सकता है कि हम गलत हों। हमारी सोच और माननीय न्यायाधीश की सोच अलग हो सकती है। लेकिन इसका यह अर्थ नहीं कि हमें अपने विचार व्यक्त करने से वंचित कर दिया जाए और हमारे नाम पर गलत बातें फैलाई जाएं।

हमने अपने बयान में विस्तार से समझाया था कि 'इंकलाब ज़िंदाबाद' और 'साम्राज्यवाद का नाश हो' का हमारे लिए क्या अर्थ है। यही हमारे विचारों का मुख्य सार था, लेकिन उस हिस्से को हमारे बयान से हटा दिया गया। आमतौर पर 'क्रांति' शब्द का गलत अर्थ लगाया जाता है, लेकिन हमारी सोच वैसी नहीं है। बम और पिस्तौल क्रांति नहीं लाते।

क्रांति की तलवार विचारों की चिंगारी पर तेज़ होती है। हम इसी बात पर जोर देना चाहते थे। हमारे लिए क्रांति का अर्थ पूँजीवादी युद्धों के कारण होने वाली दुर्दशा का अंत करना है। हमारे उद्देश्यों और उन्हें प्राप्त करने की प्रक्रिया को समझे बिना ही निर्णय सुनाना ठीक नहीं था। हमारे नाम के साथ गलत विचार जोड़ना पूर्णतः अन्याय है।

इस समय पर चेतावनी देना बहुत ज़रूरी था कि जनता के भीतर असंतोष बढ़ रहा है और यदि इसे समय रहते और सही तरीके से नहीं संभाला गया, तो यह समस्या गंभीर रूप ले सकती है। यदि हमारी चेतावनी पर ध्यान नहीं दिया गया, तो कोई भी मानव शक्ति इसे रोक नहीं पाएगी। हमने यह कदम इसलिए उठाया ताकि आने वाले तूफान को सही दिशा दी जा सके। हम इतिहास के गम्भीर विद्यार्थी हैं। हम मानते हैं कि यदि शासक वर्ग ने सही समय पर सही कदम उठाए होते, तो फ्रांस और रूस में खूनी क्रांतियाँ नहीं होतीं। दुनिया की कई बड़ी शक्तियों ने विचारों के तूफान को रोकने की कोशिश की, लेकिन वे खुद ही रक्तपात के वातावरण में डूब गईं। शासक वर्ग इतिहास की धारा को नहीं बदल सकता। हम पहली चेतावनी देना चाहते थे। अगर हमारा उद्देश्य किसी महत्वपूर्ण व्यक्ति की हत्या करना होता, तो हम अपने असली मकसद में पूरी तरह असफल हो जाते।

माइ लॉड्र्स, यही हमारा उद्देश्य था और यही भावना हमारे इस कृत्य के पीछे थी। हमारे कृत्य का परिणाम भी हमारे बयान की पुष्टि करता है। एक और महत्वपूर्ण बिंदु स्पष्ट करना ज़रूरी है, और वह है बमों की शक्ति का प्रश्न। यदि हमें बमों की शक्ति का अंदाज़ा नहीं होता, तो हम उन्हें पंडित मोतीलाल नेहरू, श्री केलकर, श्री जयकर और मो. जिन्ना जैसे आदरणीय राष्ट्रीय नेताओं की उपस्थिति में कैसे फेंक सकते थे? हम अपने नेताओं की जान को जोखिम में कैसे डाल सकते थे? आखिरकार, हम पागल नहीं हैं। यदि हम सच में पागल होते, तो हमें जेल में डालने के बजाय पागलखाने भेजा जाता। हमें बमों की शक्ति की पूरी जानकारी थी, और इसी विश्वास के साथ हमने यह कदम उठाया। यदि हमारा इरादा कुछ और होता, तो हम आसानी से बमों को भीड़ वाली सीटों पर फेंक सकते थे। लेकिन असली चुनौती यह थी कि बिना किसी को नुकसान पहुंचाए उन्हें खाली जगह पर फेंका जाए। यदि

हमारा दिमाग संतुलित न होता या हम मानसिक रूप से अस्थिर होते, तो बम भीड़ में गिरते, न कि खाली जगहों पर। इसलिए, मैं यह कहना चाहूँगा कि खाली स्थानों को सावधानीपूर्वक चुनने में हमने जो साहस दिखाया, उसके लिए हमें दंडित करने के बजाय पुरस्कृत किया जाना चाहिए। इन परिस्थितियों में, माइ लॉर्ड्स, हमें लगता है कि हमें ठीक से समझा नहीं गया। हम यहाँ अपनी सजा कम करवाने नहीं आए हैं। हम यहाँ केवल अपनी स्थिति स्पष्ट करने आए हैं। हम यह चाहते हैं कि हमारे साथ कोई अन्याय न हो और हमारे बारे में कोई गलत धारणा न बनाई जाए। हमारे लिए सजा का प्रश्न गौण महत्व रखता है।

सुखदेव को पत्र : आत्महत्या के बारे में

(मामले की सुनवाई समाप्त हो चुकी थी। किसी भी दिन फैसला आने की उम्मीद थी। सुखदेव को उम्मीद थी कि उसे आजीवन कारावास की सजा मिलेगी। उसके लिए 20 साल तक जेल में रहना बहुत ही कष्टदायक विचार था। उसने भगत सिंह को पत्र लिखा कि यदि उसे (सुखदेव को) आजीवन कारावास की सजा होती है, तो वह आत्महत्या कर लेगा। वह या तो रिहाई चाहता था या मौत; उसके लिए बीच का कोई रास्ता नहीं था। भगत सिंह की प्रतिक्रिया सुखदेव के पत्र पर बहुत तीखी थी। उनका विचार था– सेवा करो, कष्ट सहो और उद्देश्य के लिए संघर्ष करते हुए जियो। उन्होंने कहा, 'कठिनाइयों से भागना कायरता है।' यह पत्र शहीद के मनोभावों की एक और झलक प्रदान करता है।)

प्रिय भाई,

मैंने तुम्हारा पत्र बहुत ध्यान से और कई बार पढ़ा। मैं समझता हूँ कि बदली हुई परिस्थिति ने हम दोनों को अलग–अलग तरीके से प्रभावित किया है। जिन चीजों से तुम बाहर घृणा करते थे, वे अब तुम्हारे लिए आवश्यक हो गई हैं। उसी तरह, जिन बातों का मैं पहले पूरा समर्थन

करता था, वे अब मेरे लिए कोई महत्व नहीं रखतीं। उदाहरण के लिए, मैं पहले व्यक्तिगत प्रेम में विश्वास करता था, लेकिन अब यह भावना मेरे दिल और दिमाग में कोई विशेष स्थान नहीं रखती। जब तुम बाहर थे, तो तुम इसके सख्त विरोधी थे, लेकिन अब तुम्हारे विचारों में एक बड़ा बदलाव और क्रांतिकारी परिवर्तन स्पष्ट रूप से दिखाई दे रहा है। अब तुम इसे मानव अस्तित्व का एक अत्यंत आवश्यक हिस्सा मानते हो और इसके अनुभव में एक विशेष प्रकार की खुशी महसूस कर रहे हो।

तुम्हें शायद याद हो कि मैंने एक दिन तुम्हारे साथ आत्महत्या के विषय पर चर्चा की थी। उस समय, मैंने कहा था कि कुछ परिस्थितियों में आत्महत्या उचित हो सकती है, लेकिन तुमने मेरी बात का विरोध किया था। मुझे हमारी उस बातचीत का समय और स्थान आज भी स्पष्ट रूप से याद है। हमने एक शाम शहंशाही कुटिया में इस विषय पर चर्चा की थी। तुमने मज़ाक में कहा था कि 'ऐसा कायरतापूर्ण कार्य कभी भी उचित नहीं ठहराया जा सकता।' तुम्हारा कहना था कि इस तरह के कार्य भयानक और जघन्य होते हैं। लेकिन अब मैं देख रहा हूँ कि इस विषय पर तुम्हारे विचार पूरी तरह बदल चुके हैं। अब तुम न केवल इसे कुछ परिस्थितियों में उचित मानते हो, बल्कि इसे आवश्यक और अनिवार्य भी समझने लगे हो। मेरा मत अब भी वही है, जो पहले तुम्हारा था, आत्महत्या एक जघन्य अपराध है। यह पूर्ण रूप से कायरता का कार्य है। सिर्फ क्रांतिकारियों की बात छोड़ो, कोई भी व्यक्ति इस तरह के कार्य को उचित नहीं ठहरा सकता।

तुम कहते हो कि तुम्हें यह समझ में नहीं आता कि केवल कष्ट सहने से देश की सेवा कैसे हो सकती है। तुम्हारे जैसे व्यक्ति से ऐसा प्रश्न सुनकर मैं हैरान हूँ, क्योंकि हमने कितना सोच–समझकर नौजवान भारत सभा के इस आदर्श वाक्य को अपनाया था–'सेवा के माध्यम से कष्ट सहना और बलिदान देना।' मेरा मानना है कि तुमने जितना संभव था, उतनी सेवा की। अब वह समय आ गया है, जब तुम्हें अपने किए गए कार्यों के लिए कष्ट सहना चाहिए। एक और महत्वपूर्ण बात यह है कि यही वह समय है जब तुम्हें पूरे समाज का नेतृत्व करना है।

मनुष्य तभी कार्य करता है जब उसे अपने कर्म की न्यायसंगतता पर पूरा विश्वास होता है, जैसे हमने असेंबली में बम फेंका। किसी कार्य

को करने के बाद, उसकी परिणति को सहन करने का समय आता है। क्या तुम सोचते हो कि यदि हम सजा से बचने के लिए दया की भीख माँगते, तो हम ज़्यादा सही होते? नहीं, इससे जनता पर नकारात्मक प्रभाव पड़ता। अब हम अपने उद्देश्य में पूरी तरह सफल हो चुके हैं।

जब हमें कैद किया गया, उस समय हमारे दल के राजनीतिक कैदियों की स्थिति बहुत ही दयनीय थी। हमने उसे सुधारने का प्रयास किया। मैं तुमसे पूरी गंभीरता से कहता हूँ कि हमें पूरा विश्वास था कि हम बहुत जल्द मर जाएंगे। हमें न तो ज़बरदस्ती खिलाने की तकनीक की कोई जानकारी थी और न ही हमने इसके बारे में कभी सोचा। हम मरने के लिए पूरी तरह तैयार थे। क्या तुम कहना चाहते हो कि हम आत्महत्या करने की सोच रहे थे? नहीं! एक उच्च आदर्श के लिए संघर्ष करना और अपने जीवन का बलिदान देना कभी भी आत्महत्या नहीं कहलाता। हम अपने साथी यतीन्द्र नाथ दास की शहादत से ईर्ष्या करते हैं। क्या तुम इसे आत्महत्या कहोगे? आखिरकार, हमारे संघर्ष का परिणाम मिला। पूरे देश में एक बड़ा आंदोलन शुरू हुआ। हम अपने उद्देश्य में सफल हुए। ऐसे संघर्षों में मिली शहादत ही आदर्श मृत्यु होती है।

इसके अलावा, हमारे बीच जो साथी यह मानते हैं कि उन्हें मृत्यु–दंड मिलेगा, उन्हें धैर्यपूर्वक उस दिन की प्रतीक्षा करनी चाहिए जब सजा सुनाई जाएगी और उन्हें फांसी दी जाएगी। यह मृत्यु भी सुंदर होगी, लेकिन आत्महत्या करना–सिर्फ कुछ कष्टों से बचने के लिए जीवन को बीच में ही समाप्त कर लेना–कायरता है। मैं तुम्हें बताना चाहता हूँ कि बाधाएँ ही मनुष्य को पूर्ण बनाती हैं। न तुमने, न मैंने, बल्कि हममें से किसी ने भी अब तक कोई वास्तविक कष्ट नहीं सहा है। हमारे जीवन का वह अध्याय तो अब शुरू हुआ है। तुम्हें याद होगा कि हमने कई बार रूसी साहित्य में यथार्थवाद पर चर्चा की थी, जो हमारे अपने साहित्य में कहीं दिखाई नहीं देता। हम उनकी कहानियों में दुःखभरी परिस्थितियों की बहुत सराहना करते हैं, लेकिन हम स्वयं उस कष्ट को सहने की भावना को महसूस नहीं करते। हम उनके चरित्रों के जोश और असाधारण ऊँचाइयों की प्रशंसा तो करते हैं, परंतु कभी यह जानने की कोशिश नहीं करते कि ऐसा क्यों है। मैं कहूँगा कि सिर्फ उनके कष्ट सहने के संकल्प का उल्लेख ही उनकी पीड़ा की तीव्रता

को जन्म देता है, और यही उनकी साहित्यिक रचनाओं और चरित्रों को गहराई और ऊँचाई प्रदान करता है। जब हम बिना किसी ठोस आधार के अपने जीवन में तर्कहीन रहस्यवाद को अपनाते हैं, तो हम दयनीय और हास्यास्पद बन जाते हैं। हम जैसे लोग, जो हर अर्थ में खुद को क्रांतिकारी होने पर गर्व महसूस करते हैं, हमें हमेशा इस बात के लिए तैयार रहना चाहिए कि हम अपने द्वारा शुरू किए गए संघर्षों से उत्पन्न सभी कठिनाइयों, चिंताओं, दर्द और कष्टों को सहन करें। यही हमारे क्रांतिकारी होने की असली पहचान है।

मैं तुम्हें यह बताना चाहता हूँ कि जेल ही वह स्थान है जहाँ व्यक्ति अपराध और पाप जैसे महान सामाजिक विषयों का व्यावहारिक अध्ययन करने का अवसर प्राप्त कर सकता है। मैंने इस विषय पर कुछ साहित्य पढ़ा है और मुझे लगता है कि इन सभी विषयों के आत्म–अध्ययन के लिए जेल ही सबसे उपयुक्त स्थान है। आत्म–अध्ययन का सबसे अच्छा तरीका है स्वयं कष्ट सहना।

तुम यह जानते हो कि रूस की जेलों में राजनीतिक कैदियों द्वारा सहन किए गए कष्टों ने ही मुख्य रूप से जारशाही के पतन के बाद वहाँ की जेल–प्रशासन में क्रांति ला दी थी। क्या भारत को ऐसे व्यक्तियों की आवश्यकता नहीं है, जो इस समस्या को भली–भाँति समझते हों और जिनके पास इसका व्यक्तिगत अनुभव हो? केवल यह कह देना पर्याप्त नहीं होगा कि 'कोई और यह काम कर देगा' या 'बहुत से लोग पहले से ही इसे कर रहे हैं।' जो लोग क्रांतिकारी उत्तरदायित्वों को दूसरों के कंधों पर छोड़ना अपमानजनक और घृणास्पद मानते हैं, उन्हें पूरे समर्पण के साथ वर्तमान व्यवस्था के विरूद्ध अपना संघर्ष शुरू करना चाहिए। उन्हें इन नियमों का उल्लंघन करना चाहिए, लेकिन साथ ही उचित मर्यादा का भी ध्यान रखना चाहिए, क्योंकि अनावश्यक और अनुचित प्रयास कभी भी न्यायसंगत नहीं माने जा सकते। ऐसे आंदोलन क्रांति की प्रक्रिया को तेज कर सकते हैं। तुमने जो तर्क अपने आप को इन सब आंदोलनों से अलग रखने के लिए दिए हैं, वे मेरी समझ से परे हैं। हमारे कुछ साथी या तो मूर्ख हैं या अनभिज्ञ। वे तुम्हारे व्यवहार को बिल्कुल अजीब और समझ से बाहर मानते हैं। (वे खुद कहते हैं कि तुम उनकी समझ से बहुत ऊपर और बहुत दूर हो।)

अगर तुम्हें सच में लगता है कि जेल का जीवन अपमानजनक है, तो तुम इसे सुधारने के लिए आंदोलन क्यों नहीं करते? शायद तुम कहोगे कि यह संघर्ष व्यर्थ होगा, लेकिन यही तर्क अक्सर कमजोर लोग अपने आपको हर आंदोलन से दूर रखने के लिए इस्तेमाल करते हैं। यही जवाब हमने जेल के बाहर उन लोगों से सुना था, जो क्रांतिकारी आंदोलनों में फँसने से बचना चाहते थे। क्या अब वही तर्क मैं तुमसे भी सुनने वाला हूँ? हमारी पार्टी में मुट्ठीभर लोग थे, जबकि हमारे उद्देश्य और आदर्श बहुत विशाल थे। क्या इसका मतलब यह निकाला जाए कि हमने शुरुआत ही गलत की थी? नहीं, इस तरह के निष्कर्ष गलत होंगे। इस तरह सोचना सिर्फ उस व्यक्ति की आंतरिक दुर्बलता को दर्शाता है, जो इस प्रकार विचार करता है। तुम आगे लिखते हो कि 14 सालों तक जेल की यातनाएँ सहने के बाद किसी भी व्यक्ति से यह उम्मीद नहीं की जा सकती कि उसके विचार वैसे ही रहेंगे, जैसे पहले थे, क्योंकि जेल का जीवन उसके विचारों को कुचल देगा। मैं तुमसे पूछता हूँ क्या जेल के बाहर की परिस्थितियाँ हमारे विचारों के लिए अधिक अनुकूल थीं? फिर भी, क्या हम असफलताओं के कारण अपने लक्ष्य को छोड़ सकते थे? क्या तुम यह कहना चाहते हो कि अगर हम क्रांतिकारी क्षेत्र में न आते, तो कोई क्रांतिकारी कार्य होता ही नहीं? अगर तुम्हारा यही तर्क है, तो तुम गलत हो, हालाँकि, यह सच है कि हमने वातावरण बदलने में कुछ हद तक योगदान दिया, लेकिन हम सिर्फ अपने समय की आवश्यकता की उपज थे।

मैं तो यहाँ तक कहूँगा कि मार्क्स, जो साम्यवाद (कम्युनिज़्म) के जनक माने जाते हैं, ने वास्तव में यह विचार स्वयं उत्पन्न नहीं किया। यूरोप की औद्योगिक क्रांति ने ही इस प्रकार के विचार रखने वाले व्यक्तियों को जन्म दिया। मार्क्स उन्हीं में से एक थे। बेशक, मार्क्स ने अपने समय की विचारधारा को एक विशेष दिशा देने में कुछ हद तक महत्वपूर्ण भूमिका निभाई, लेकिन वे सिर्फ अपने युग की परिस्थितियों की उपज थे।

मैं (और तुम भी) इस देश में समाजवाद और साम्यवाद के विचारों के जन्मदाता नहीं हैं। यह तो हमारे समय और परिस्थितियों का हम पर पड़ा प्रभाव मात्र है। बेशक, हमने इन विचारों के प्रचार–प्रसार में

थोड़ा योगदान जरूर दिया, और यही कारण है कि मैं कहता हूँ, जब हमने पहले ही इस कठिन कार्य को अपने कंधों पर उठा लिया है, तो हमें इसे आगे भी बढ़ाते रहना चाहिए। लोग हमारी आत्महत्या से प्रेरित नहीं होंगे, बल्कि यह एक प्रतिगामी कदम साबित होगा। कठिनाइयों से बचने के लिए; आत्महत्या करना हमारे आंदोलन को कमजोर करेगा, न कि उसे मज़बूत बनाएगा।

हमने अपने कार्य को जारी रखा, भले ही निराशा, दबाव और जेल के नियमों द्वारा निर्धारित हिंसा जैसी कठिन परिस्थितियों का हमें सामना करना पड़ा। जब हम काम कर रहे थे, तब हमें कई प्रकार की कठिनाइयों का निशाना बनाया गया। यहाँ तक कि जो लोग खुद को महान क्रांतिकारी कहने में गर्व महसूस करते थे, उन्होंने भी हमें छोड़ दिया। क्या ये परिस्थितियाँ कठिन परीक्षा की चरम सीमा नहीं थीं? फिर हमारे आंदोलन और प्रयासों को जारी रखने का कारण और तर्क क्या था?

क्या यह सीधा–सा तर्क अपने आप हमारे विचारों को और अधिक मजबूती नहीं देता? और क्या हमारे पास ऐसे क्रांतिकारी साथियों के उदाहरण नहीं हैं, जिन्होंने अपने सिद्धांतों के लिए जेलों में कष्ट सहे और जेल से लौटने के बाद भी अपने कार्य में जुटे रहे? अगर बकुनिन ने तुम्हारी तरह तर्क किया होता, तो वह शुरुआत में ही आत्महत्या कर लेता। आज तुम देख सकते हो कि रूस में कई क्रांतिकारी, जिन्होंने अपने जीवन का अधिकांश हिस्सा जेलों में सजा काटते हुए बिताया, वे अब वहाँ के राज्य में महत्वपूर्ण पदों पर कार्य कर रहे हैं। मनुष्य को अपने विश्वासों पर दृढ़ रहने का भरसक प्रयास करना चाहिए। कोई नहीं कह सकता कि भविष्य के गर्भ में क्या छिपा है?

क्या तुम्हें याद है जब हम यह चर्चा कर रहे थे कि हमारी बम फैक्ट्रियों में कुछ शक्तिशाली और प्रभावी जहर भी रखा जाना चाहिए? तुमने इसका बहुत जोरदार विरोध किया था। तुम्हें यह विचार ठीक नहीं लगा था। तुम्हें इस पर बिल्कुल भी विश्वास नहीं था। तो अब क्या हो गया है? यहाँ तो, वैसे भी हालात इतने कठिन और जटिल नहीं हैं। मैं तो इस विषय पर चर्चा करने भर से भी घृणा महसूस करता हूँ। तुम उस मानसिकता से भी घृणा करते थे जो आत्महत्या को स्वीकार करती है।

मुझे यह कहने के लिए क्षमा करना, लेकिन अगर तुम्हें वास्तव में ऐसा ही करना था, तो तुम्हें यह कदम तभी उठा लेना चाहिए था जब तुम्हें कैद किया गया था (अर्थात् जहर खाकर आत्महत्या कर लेनी चाहिए थी)। ऐसा करने से शायद क्रांतिकारी उद्देश्य की सेवा होती, लेकिन इस समय, इस तरह के विचार भी हमारे आंदोलन के लिए घातक हैं।

मैं तुम्हारा ध्यान एक और महत्वपूर्ण मुद्दे की ओर दिलाना चाहता हूँ। हम न तो भगवान में विश्वास करते हैं, न ही स्वर्ग और नरक में, न ही किसी दैवीय न्याय में, जो जीवन में दंड और पुरस्कार का निर्धारण करता हो। इसलिए, हमें जीवन और मृत्यू के बारे में भौतिकवादी दृष्टिकोण से ही सोचना चाहिए। जब मुझे दिल्ली से पहचान के लिए यहाँ लाया गया था, तो कुछ खुफिया अधिकारियों ने मेरे पिता की उपस्थिति में मुझसे इस विषय पर बातचीत की। उन्होंने कहा कि क्योंकि तुमने अपनी जान बचाने के लिए कोई राज नहीं खोला, इसका मतलब है कि तुम्हारे जीवन में कोई गहरी पीड़ा है। उनका तर्क था कि इस तरह की मृत्यु आत्महत्या के समान होगी। लेकिन मैंने उत्तर दिया कि मेरे जैसे विचारों और आदर्शों वाले व्यक्ति के लिए व्यर्थ मरने का कोई प्रश्न ही नहीं उठता। हम चाहते हैं कि हमारे जीवन का अधिकतम मूल्य हो। हम मानवता की सेवा जितना संभव हो सके, उतनी करना चाहते हैं। विशेष रूप से मेरे जैसा व्यक्ति, जिसका जीवन न तो दुःखी है और न ही चिंताओं से भरा है, वह आत्महत्या के बारे में सोच भी नहीं सकता, छोड़ो उसे करने की बात। यही बात मैं आज तुम्हें बताना चाहता हूँ।

मुझे उम्मीद है कि तुम मुझे अपने बारे में अपनी सोच बताने की अनुमति दोगे। मुझे अपने लिए मृत्युदंड (फांसी) का पूरा यकीन है। मुझे बिल्कुल भी उम्मीद नहीं है कि मेरी सजा में कोई नरमी बरती जाएगी या मुझे कोई माफी मिलेगी। अगर माफी दी भी गई, तो वह सभी के लिए नहीं होगी। और वह माफी भी सिर्फ दूसरों के लिए होगी, हमारे लिए नहीं; यह अत्यधिक सीमित होगी और कई शर्तों से बंधी होगी। हमारे लिए न तो कोई माफी संभव है और न ही कभी होगी। फिर भी, मैं चाहता हूँ कि हमारी रिहाई की माँग सामूहिक रूप से और वैश्विक स्तर पर की जाए। साथ ही, मैं यह भी चाहता हूँ कि जब आंदोलन अपने चरम पर पहुँचे, तब हमें फांसी दी जाए। मेरी यह भी इच्छा है कि यदि

कभी कोई सम्मानजनक और न्यायसंगत समझौता संभव हो, तो हमारा मामला उसके आड़े कभी न आए।

जब देश का भाग्य तय किया जा रहा हो, तो व्यक्तिगत भाग्य को भुला देना चाहिए। एक क्रांतिकारी के रूप में, हम यह नहीं मानते कि हमारे शासकों के रवैये में अचानक कोई बदलाव आ सकता है, विशेष रूप से अंग्रेज़ों के मामले में। बिना निरंतर प्रयास, कष्ट और बलिदान के ऐसा चौंकाने वाला परिवर्तन असंभव है। और यह परिवर्तन अवश्य आएगा। जहाँ तक मेरी सोच का सवाल है, मैं तभी सभी के लिए सुविधाओं और माफी का स्वागत कर सकता हूँ, जब इसका प्रभाव स्थायी हो और हमारी फांसी से देशवासियों के दिलों पर ऐसा अमिट प्रभाव पड़े जो हमेशा बना रहे। बस इतना ही, और कुछ नहीं।

लेनिन की पुण्यतिथि पर टेलीग्राम

(21 जनवरी सन् 1930 को, लाहौर षड्यंत्र केस के अभियुक्त अदालत में लाल स्कार्फ पहनकर उपस्थित हुए। जैसे ही मजिस्ट्रेट ने अपनी कुर्सी संभाली, उन्होंने नारे लगाए– 'समाजवादी क्रांति ज़िंदाबाद', 'कम्युनिस्ट इंटरनेशनल ज़िंदाबाद', 'जनता ज़िंदाबाद', 'लेनिन का नाम कभी नहीं मरेगा' और 'साम्राज्यवाद का नाश हो।' इसके बाद भगत सिंह ने इस टेलीग्राम का पाठ अदालत में पढ़ा और मजिस्ट्रेट से इसे तृतीय इंटरनेशनल को भेजने के लिए कहा।)

लेनिन दिवस पर, हम उन सभी को हार्दिक शुभकामनाएँ भेजते हैं जो महान लेनिन के विचारों को आगे बढ़ाने के लिए कार्य कर रहे हैं। हम उस महान प्रयोग की सफलता की कामना करते हैं जिसे रूस आगे बढ़ा रहा है। हम अपनी आवाज़ अंतर्राष्ट्रीय श्रमिक वर्ग आंदोलन के साथ मिलाते हैं। मजदूर वर्ग विजयी होगा। पूँजीवाद पराजित होगा। साम्राज्यवाद का नाश होगा।

अनशनकारियों की माँगें दोहराई गई

(लाहौर षड्यंत्र केस के कैदियों ने अपनी भूख हड़ताल इस आश्वासन पर रोक दी थी कि भारत सरकार प्रांतीय जेल समिति की रिपोर्ट पर विचार कर रही है और जल्द ही जेल में सुधार किए जाएंगे। लेकिन भूख हड़ताल खत्म होने के बाद, भारत सरकार ने टालमटोल की नीति अपनाई। उत्तर प्रदेश और पंजाब की जेलों (लाहौर षड्यंत्र केस के कैदियों के अलावा) में भूख हड़ताल करने वालों के खिलाफ अनुशासनात्मक कार्रवाई भी की गई। इसी संदर्भ में भगत सिंह ने भारत सरकार को यह पत्र लिखा, जो भूख हड़ताल फिर से शुरू करने के लिए एक नोटिस–कम–अल्टीमेटम (अंतिम चेतावनी) जैसा था।)

गृह सदस्य,
भारत सरकार,
दिल्ली

सौजन्य से
विशेष मजिस्ट्रेट,
लाहौर षड्यंत्र केस,
लाहौर

माननीय,

हमारे 20 जनवरी सन् 1930 के टेलीग्राम के संदर्भ में, जिसका पाठ इस प्रकार है, हमें अब तक कोई उत्तर नहीं दिया गया है।

गृह सदस्य भारत सरकार। दिल्ली, लाहौर षड्यंत्र केस के विचाराधीन कैदियों और अन्य राजनीतिक कैदियों ने अपनी भूख हड़ताल इस आश्वासन पर स्थगित कर दी थी कि भारत सरकार प्रांतीय जेल समिति की रिपोर्ट पर विचार कर रही है। सभी सरकारी सम्मेलन समाप्त हो चुके हैं, लेकिन अभी तक कोई कार्रवाई नहीं की गई है। चूँकि राजनीतिक कैदियों के प्रति प्रतिशोधपूर्ण व्यवहार अब भी जारी है, हम अनुरोध करते हैं कि हमें एक सप्ताह के भीतर सरकार के अंतिम निर्णय की जानकारी दी जाए। लाहौर षड्यंत्र केस के विचाराधीन कैदी।

उपरोक्त टेलीग्राम में संक्षेप में बताए गए अनुसार, हम आपका ध्यान इस ओर दिलाना चाहते हैं कि लाहौर षड्यंत्र केस के विचाराधीन कैदियों और पंजाब की विभिन्न जेलों में बंद कई अन्य राजनीतिक कैदियों ने अपनी भूख हड़ताल इस आश्वासन पर स्थगित कर दी थी कि पंजाब जेल जाँच समिति के सदस्यों ने यह विश्वास दिलाया था कि राजनीतिक कैदियों के साथ व्यवहार का प्रश्न बहुत ही कम समय में हमारे संतोषजनक समाधान तक पहुँचेगा। इसके अलावा, जब हमारे महान शहीद जतींद्र नाथ दास का निधन हुआ, तो यह मुद्दा असेंबली में उठाया गया और वहाँ सार्वजनिक रूप से सर जेम्स क्रेरर ने वही आश्वासन दिया। तब यह घोषणा की गई कि सरकार का हृदय परिवर्तन हो चुका है और राजनीतिक कैदियों के साथ व्यवहार का प्रश्न सरकार की पूर्ण सहानुभूति प्राप्त कर रहा है। देश के विभिन्न हिस्सों की जेलों में जो राजनीतिक कैदी अभी भी भूख हड़ताल पर थे, उन्होंने भी अपनी हड़ताल स्थगित कर दी, जब इस संबंध में अखिल भारतीय कांग्रेस समिति (AICC) के एक प्रस्ताव के माध्यम से अनुरोध किया गया। यह प्रस्ताव दिए गए आश्वासन और कुछ कैदियों की गंभीर स्थिति को ध्यान में रखते हुए पारित किया गया था।

तब से, सभी स्थानीय सरकारों ने अपनी रिपोर्टें जमा कर दी हैं। विभिन्न प्रांतों के जेल महानिरीक्षकों की एक बैठक लखनऊ में हो चुकी

है, और अखिल भारतीय सरकारी सम्मेलन की चर्चा भी दिल्ली में समाप्त हो चुकी है। अखिल भारतीय सम्मेलन पिछले दिसंबर महीने में आयोजित किया गया था, लेकिन अब तक किसी अंतिम सिफारिश को लागू नहीं किया गया है। सरकार के इस विलंबपूर्ण (टालमटोल) रवैये के कारण, केवल हम ही नहीं बल्कि आम जनता भी यह आशंका करने लगी है कि शायद इस मुद्दे को ठंडे बस्ते में डाल दिया गया है। पिछले चार महीनों में भूख हड़ताल करने वाले कैदियों और अन्य राजनीतिक कैदियों के साथ किए गए प्रतिशोधपूर्ण व्यवहार ने हमारी आशंकाओं को और मजबूत कर दिया है। हमारे लिए यह जानना बहुत कठिन है कि राजनीतिक कैदियों को किन कठिनाइयों का सामना करना पड़ रहा है। फिर भी, जेल की चारदीवारी से जो थोड़ी–बहुत जानकारी बाहर आई है, वह भी हमें कुछ स्पष्ट उदाहरण देने के लिए पर्याप्त है। नीचे हम कुछ ऐसे उदाहरण प्रस्तुत कर रहे हैं, जिन्हें देखकर हम यह कहने के लिए मजबूर हैं कि ये घटनाएँ सरकार द्वारा दिए गए आश्वासनों के अनुरूप नहीं हैं।

(1) श्री बी.के. बनर्जी, जो लाहौर सेंट्रल जेल में दक्षिणेश्वर बम कांड के सिलसिले में पाँच साल की सजा काट रहे हैं, उन्होंने पिछले साल भूख हड़ताल में हिस्सा लिया था। अब, इसी के दंडस्वरूप, उनकी भूख हड़ताल के प्रत्येक दिन के बदले में, उनके द्वारा प्राप्त छूट के दो दिन काट लिए गए हैं। सामान्य परिस्थितियों में, उनकी रिहाई पिछले दिसंबर में होनी थी, लेकिन अब यह पूरी चार महीने के लिए टाल दी गई है। इसी जेल में, बाबा सोहन सिंह, जो लगभग सत्तर वर्ष के बुजुर्ग हैं और (प्रथम) लाहौर षड्यंत्र केस में आजीवन कारावास की सजा भुगत रहे हैं, उन्हें भी ऐसा ही दंड दिया गया है। इसके अलावा, अन्य कई कैदियों में, मियांवाली जेल में बंद सरदार गोपाल सिंह और रावलपिंडी जेल में बंद मास्टर मोटा सिंह को भी सामूहिक भूख हड़ताल में शामिल होने के कारण प्रतिशोधात्मक दंड दिया गया है। इनमें से अधिकांश मामलों में, कैद की अवधि बढ़ा दी गई है, जबकि कुछ कैदियों को विशेष श्रेणी से हटा दिया गया है।

(2) इसी अपराध के लिए, यानी सामूहिक भूख हड़ताल में शामिल होने के कारण, आगरा सेंट्रल जेल में बंद श्री सचिंद्र नाथ सान्याल, राम किशन खत्री और सुरेश चंद्र भट्टाचार्य, साथ ही काकोरी केस के कई

अन्य कैदी, जिनमें राज कुमार सिन्हा, सचिंद्र नाथ बख्शी और मन्मथ नाथ गुप्ता शामिल हैं, को कठोर दंड दिया गया है। विश्वसनीय सूत्रों से पता चला है कि श्री सान्याल को बेड़ियाँ पहनाई गईं और एकांत कारावास में रखा गया, जिससे उनकी सेहत बिगड़ गई। उनका वजन 18 पाउंड कम हो गया है। श्री भट्टाचार्य के बारे में खबर है कि वे क्षय रोग (टीबी) से पीड़ित हैं। बरेली जेल के तीन कैदियों को भी दंडित किया गया है। यह जानकारी मिली है कि उनकी सभी सुविधाएँ छीन ली गई हैं। यहाँ तक कि उनके परिवार से मिलने और पत्राचार करने के सामान्य अधिकार भी समाप्त कर दिए गए। उनका वजन भी काफी घट गया है। इस संबंध में, पंडित जवाहरलाल नेहरू ने सितंबर 1929 और जनवरी 1930 में दो प्रेस बयान जारी किए थे।

(3) अखिल भारतीय कांग्रेस समिति (AICC) द्वारा भूख हड़ताल के संबंध में पारित प्रस्ताव की प्रतियाँ, जो विभिन्न राजनीतिक कैदियों को भेजी गई थीं, जेल अधिकारियों द्वारा जब्त कर ली गईं। इसके अलावा, सरकार ने इस मामले में कैदियों से मिलने के लिए कांग्रेस के एक प्रतिनिधिमंडल को अनुमति देने से इनकार कर दिया।

(4) लाहौर षड्यंत्र केस के विचाराधीन कैदियों पर 23 और 24 अक्टूबर सन् 1929 को उच्च पुलिस अधिकारियों के आदेश पर बेरहमी से हमला किया गया। इस घटना का पूरा विवरण प्रेस में प्रकाशित हो चुका है। हम में से एक कैदी का विशेष मजिस्ट्रेट, पं. श्री कृष्ण द्वारा दर्ज किया गया बयान, 16 दिसंबर सन् 1929 की एक आधिकारिक चिट्ठी के माध्यम से आपको भेजा जा चुका है। लेकिन न तो पंजाब सरकार और न ही भारत सरकार ने हमारे इस पत्र का कोई उत्तर देना आवश्यक समझा, यहाँ तक कि इसकी प्राप्ति की पुष्टि तक नहीं की, जिसमें हमने इस मामले की जाँच की माँग की थी। इसके विपरीत, स्थानीय सरकार को यह आवश्यक लगा कि उसी घटना के संदर्भ में हम पर मुकदमा चलाया जाए, यह आरोप लगाकर कि हमने 'हिंसक' प्रतिरोध किया था।

(5) दिसंबर सन् 1929 के अंतिम सप्ताह में, श्री किरण चंद्र दास और आठ अन्य कैदी, जो लाहौर बोरस्टल जेल में बंद थे, जब उन्हें मजिस्ट्रेट की अदालत में पेश करने के लिए ले जाया जा रहा था, तब उन्हें हथकड़ियों और जंजीरों में जकड़ा पाया गया। यह पंजाब

जेल जाँच समिति और पंजाब के कारागार महानिरीक्षक की सर्वसम्मत सिफारिशों का स्पष्ट उल्लंघन था। इसके अलावा, यह उल्लेखनीय है कि ये सभी कैदी विचाराधीन थे और उन पर जमानती अपराध का आरोप था। इस घटना से संबंधित एक विस्तृत बयान डॉ. मोहम्मद असलम, लाला दुनी चंद (लाहौर) और लाला दुनी चंद (अंबाला) द्वारा जारी किया गया था, जो ट्रिब्यून समाचार पत्र में प्रकाशित हुआ।

जब हमें राजनीतिक कैदियों की इन और अन्य तकलीफों के बारे में पता चला, तो हमने अपनी भूख हड़ताल फिर से शुरू करने से खुद को रोके रखा, हालाँकि हम बहुत दुःखी थे, क्योंकि हमें लगा था कि यह मामला बहुत जल्द अंतिम रूप से सुलझ जाएगा। लेकिन उपरोक्त घटनाओं को देखते हुए, क्या अब हमें यह मान लेना चाहिए कि भूख हड़ताल करने वालों की असहनीय यातनाएँ और जतींद्र नाथ दास का सर्वोच्च बलिदान व्यर्थ चला गया? क्या हमें यह समझना चाहिए कि सरकार ने यह आश्वासन केवल जनता के बढ़ते आक्रोश को रोकने और एक बड़े संकट को टालने के लिए दिया था? आप भी इस बात से सहमत होंगे कि हमने पर्याप्त रूप से उचित समय तक धैर्यपूर्वक प्रतीक्षा की है। लेकिन हम अनिश्चितकाल तक प्रतीक्षा नहीं कर सकते। सरकार की टालमटोल नीति और राजनीतिक कैदियों के प्रति प्रतिशोधात्मक व्यवहार जारी रहने के कारण, हमारे पास अब संघर्ष फिर से शुरू करने के अलावा कोई और विकल्प नहीं बचा है। हम जानते हैं कि भूख हड़ताल शुरू करना और उसे जारी रखना कोई आसान कार्य नहीं है। लेकिन हमें यह भी बताना चाहिए कि भारत कई और जतिन, वागीश, रण रक्षस (राम राखा) और भान सिंह पैदा कर सकता है। (ये दोनों अंतिम नाम सन् 1917 में अंडमान में शहीद हुए–पहले ने तिरसठ दिनों की भूख हड़ताल के बाद प्राण त्याग दिए, जबकि दूसरे ने अमानवीय यातनाएँ छह महीने तक चुपचाप सहते हुए वीरगति प्राप्त की।)

हम और जनता (जाँच समिति) के सदस्य राजनीतिक कैदियों के बेहतर व्यवहार की माँग के औचित्य में पहले ही काफी कुछ कह चुके हैं, और इसे यहाँ दोहराने की कोई आवश्यकता नहीं है। हालाँकि, हम यहाँ एक महत्वपूर्ण मुद्दे पर कुछ शब्द कहना चाहेंगे, वह है मंशा को वर्गीकरण का आधार बनाने का प्रश्न। राजनीतिक कैदियों के वर्गीकरण

के मानदंड को लेकर बहुत विवाद खड़ा किया गया है। हम देखते हैं कि विभिन्न प्रांतीय सरकारों द्वारा सुझाए गए मानदंडों में अब तक मंशा को पूरी तरह से नज़रअंदाज़ कर दिया गया है। यह वास्तव में एक अजीब स्थिति है। किसी भी कार्य का वास्तविक मूल्यांकन केवल उसकी मंशा के आधार पर ही किया जा सकता है। क्या हमें यह समझना चाहिए कि सरकार एक डाकू, जो किसी को लूटकर मार देता है, और एक खड़ग बहादुर, जो किसी अत्याचारी को मारकर किसी युवती की इज़्ज़त बचाता है और समाज को एक घिनौने परजीवी से मुक्त करता है–इन दोनों में कोई अंतर नहीं कर सकती? क्या दोनों को एक ही श्रेणी का व्यक्ति माना जाएगा? क्या कोई अंतर नहीं है उन दो व्यक्तियों में, जो एक ही अपराध करते हैं, लेकिन एक स्वार्थी उद्देश्य से और दूसरा निःस्वार्थ भावना से? इसी तरह, क्या एक साधारण हत्यारे और एक राजनीतिक कार्यकर्ता, जो किसी कारणवश हिंसा का सहारा लेता है, में कोई अंतर नहीं है? क्या उसकी निःस्वार्थता उसे साधारण अपराधियों की श्रेणी से ऊपर नहीं उठाती? इन परिस्थितियों में, हम मानते हैं कि वर्गीकरण के मानदंड में मंशा को सबसे महत्वपूर्ण कारक माना जाना चाहिए।

पिछले साल, जब हमने अपनी भूख हड़ताल शुरू की थी, तब कई जननेता, जिनमें डॉ. गोपी चंद और अंबाला के लाला दुनी चंद (जो पंजाब जेल जाँच समिति की रिपोर्ट पर हस्ताक्षर करने वालों में से एक थे) शामिल थे, हमसे इसी विषय पर चर्चा करने आए थे। जब उन्होंने हमें बताया कि सरकार उन राजनीतिक कैदियों, जिन्हें हिंसात्मक अपराधों के लिए दोषी ठहराया गया है, को विशेष श्रेणी के कैदियों के रूप में रखने पर विचार कर रही है, तो हमने एक समझौते के रूप में इस प्रस्ताव को आंशिक रूप से स्वीकार कर लिया, लेकिन केवल उन कैदियों को छोड़कर जिन पर वास्तव में हत्या का आरोप था। लेकिन बाद में, इस पर चर्चा दूसरी दिशा में चली गई, और पंजाब जेल जाँच समिति के कार्यक्षेत्र से संबंधित जारी बयान को इस तरह से लिखा गया कि मंशा का मुद्दा पूरी तरह से नजरअंदाज कर दिया गया। और इसके बजाय, वर्गीकरण केवल दो बातों पर आधारित कर दिया गया :

1. अपराध की प्रकृति; और
2. 'अपराधी' का सामाजिक दर्जा।

ये मानदंड समस्या को हल करने के बजाय और अधिक जटिल बना रहे थे।

हम राजनीतिक कैदियों को दो श्रेणियों में बाँटे जाने को समझ सकते थे–वे जिन्हें अहिंसक अपराधों के लिए आरोपित किया गया हो, लेकिन फिर पंजाब जेल जाँच समिति की रिपोर्ट में सामाजिक दर्जे का मुद्दा जोड़ दिया गया। जैसा कि चौधरी अफज़ल हक ने अपनी असहमति की टिप्पणी में सही कहा है, उन राजनीतिक कार्यकर्ताओं का क्या होगा, जो स्वतंत्रता संग्राम के लिए निःस्वार्थ सेवा करते हुए गरीबी की हालत में पहुँच गए हैं? क्या उन्हें एक मजिस्ट्रेट की दया पर छोड़ दिया जाएगा, जो हमेशा अपनी वफादारी साबित करने के लिए हर राजनीतिक कैदी को साधारण अपराधी की श्रेणी में डालने की कोशिश करेगा? या फिर यह उम्मीद की जाती है कि एक असहयोगी अपने विरोधियों के सामने हाथ फैलाकर जेल में बेहतर व्यवहार की भीख माँगेगा? क्या यही असंतोष के कारणों को दूर करने का तरीका है, या फिर इसे और बढ़ाने का? यह तर्क दिया जा सकता है कि जो लोग जेल के बाहर धन संपदा में रहते हैं, उन्हें जेल में सजा के दौरान विलासिता की उम्मीद नहीं करनी चाहिए। लेकिन क्या जो सुधार माँगे जा रहे हैं, वे किसी प्रकार की विलासिता हैं? क्या वे जीवन की मूलभूत आवश्यकताएँ नहीं हैं, जो जीवन यापन के सबसे साधारण मानकों के अनुसार भी ज़रूरी हैं? जेल में, चाहे जितनी भी सुविधाएँ दी जाएँ, वह हमेशा जेल ही रहेगा। जेल अपने आप में ऐसा कोई आकर्षण नहीं रखता, जो लोगों को बाहर से अपनी ओर खींच सके। कोई भी केवल जेल आने के लिए अपराध नहीं करेगा। इसके अलावा, क्या हम यह कहने की हिम्मत कर सकते हैं कि किसी भी सरकार के लिए यह बहुत ही कमजोर तर्क है कि उसके नागरिक इतनी चरम गरीबी में धकेले जा चुके हैं कि उनका जीवन स्तर जेलों से भी नीचे गिर चुका है? क्या ऐसा तर्क उस सरकार के अस्तित्व के अधिकार की जड़ें ही नहीं काट देता? खैर, फिलहाल हमारा इस विषय से कोई लेना–देना नहीं है। हम यह कहना चाहते हैं कि मौजूदा असंतोष को दूर करने का सबसे अच्छा तरीका यह होगा कि राजनीतिक कैदियों को एक अलग श्रेणी में रखा जाए, जिसे आगे दो उपश्रेणियों में बाँटा जा सकता है–वे, जो अहिंसक अपराधों के लिए दोषी ठहराए गए हैं, और वे

जिनके अपराधों में हिंसा शामिल है। ऐसे मुद्दे में, मंशा को एक निर्णायक कारक बनाया जा सकता है। यह कहना कि राजनीतिक मामलों में मंशा का पता नहीं लगाया जा सकता, एक कपटी दावा है। वह सरकार, जो राजनीतिक कैदियों को साधारण सुविधाओं से भी वंचित कर देती है, उन्हें विशेष स्तर या 'नंबरदारी' जैसी सुविधाएँ नहीं देती, वही सरकार उन्हें बाकी अपराधियों से अलग रखती है? तो फिर वही सरकार इस आधार पर कैदियों का वर्गीकरण क्यों नहीं कर सकती?

जहाँ तक विशेष माँगों की बात है, हम इन्हें पहले ही पंजाब जेल जाँच समिति को सौंपे गए अपने ज्ञापन में पूरी तरह से प्रस्तुत कर चुके हैं। हालाँकि, हम विशेष रूप से इस बात पर जोर देना चाहते हैं कि कोई भी राजनीतिक कैदी, चाहे उसका अपराध कुछ भी हो, उसे ऐसा कठोर और अपमानजनक श्रम नहीं दिया जाना चाहिए, जिसके लिए वह मानसिक या शारीरिक रूप से उपयुक्त न हो। सभी राजनीतिक कैदियों को, जो एक ही जेल में बंद हैं, एक ही वार्ड में रखा जाना चाहिए। उन्हें प्रतिदिन कम से कम एक मानक समाचार पत्र, चाहे वह स्थानीय भाषा में हो या अंग्रेजी में, दिया जाना चाहिए। उन्हें पढ़ाई के लिए पूरी और उचित सुविधाएँ प्रदान की जानी चाहिए। अंत में, उन्हें अपने भोजन और कपड़ों के खर्च को अपनी निजी आय से पूरा करने की अनुमति दी जानी चाहिए।

हम अब भी आशा करते हैं कि सरकार बिना किसी और देरी के अपने उस वादे को पूरा करेगी, जो उसने हमसे और जनता से किया था, ताकि हमारी फिर से भूख हड़ताल शुरू करने की नौबत न आए। यदि अगले सात दिनों के भीतर हमें यह स्पष्ट रूप से दिखाई नहीं देता कि सरकार अपने वादे को निभाने के लिए कोई ठोस कदम उठा रही है, तो हमें मजबूर होकर भूख हड़ताल फिर से शुरू करनी पड़ेगी।

सादर,
भगत सिंह, दत्त और अन्य

दिनांक : 28 जनवरी सन् 1930
विचाराधीन कैदी, लाहौर षड्यंत्र केस

अदालत में उपस्थित होने से मना करने के कारण

(लाहौर षड्यंत्र केस के अभियुक्तों की दूसरी भूख हड़ताल भी इक्कीस दिनों के बाद सरकार द्वारा दिए गए आश्वासन पर स्थगित कर दी गई। लेकिन कई छोटे–छोटे मुद्दे और शिकायतें थीं, जिन्हें मजिस्ट्रेट सुनने के लिए तैयार नहीं था। इस पर अभियुक्तों ने अदालत में उपस्थित होने से मना कर दिया। सिविल एंड मिलिट्री राजपत्र (जो लाहौर से प्रकाशित एक एंग्लो–इंडियन दैनिक समाचार पत्र था) ने टिप्पणी की कि अभियुक्तों ने ब्रिटिश अदालत का बहिष्कार किया है। यह गलत था। भगत सिंह ने इसका खंडन किया और अदालत में उपस्थित होने से मना करने के वास्तविक कारणों को स्पष्ट किया।)

श्रीमान मजिस्ट्रेट,

आपका 4 फरवरी सन् 1930 का आदेश, जो *सिविल एंड मिलिट्री राजपत्र* में प्रकाशित हुआ, पढ़ने के बाद यह आवश्यक प्रतीत होता है कि हम आपको अदालत के बहिष्कार के कारणों को स्पष्ट करें।

यह कहना गलत है कि हमने ब्रिटिश सरकार की अदालतों का बहिष्कार किया है। आज भी हम मिस्टर लुईस की अदालत में जा रहे हैं,

जो हमारे खिलाफ जेल अधिनियम की धारा 22 के तहत चलाए जा रहे मामले की सुनवाई कर रहे हैं। हमने अपनी जमानत याचिका में आपके सामने अपनी समस्याएँ और कठिनाइयाँ प्रस्तुत की थीं, लेकिन उन पर अब तक कोई विचार नहीं किया गया है।

हमारे विचाराधीन साथी देश के विभिन्न और दूरदराज़ के हिस्सों से आते हैं। इसलिए, उन्हें अपने शुभचिंतकों और समर्थकों से मिलने की सुविधा दी जानी चाहिए। श्री बटुकेश्वर दत्त ने श्रीमती लज्जावती से मिलने के लिए एक आवेदन दिया था, और श्री कमलनाथ तिवारी भी किसी से मिलना चाहते थे। लेकिन वे न तो उनके रिश्तेदार थे और न ही उनके वकील, इसलिए उन्हें मिलने की अनुमति नहीं दी गई। गह स्पष्ट रूप से दिखाता है कि विचाराधीन कैदियों को अपने बचाव (डिफेंस) के लिए ज़रूरी सुविधाएँ नहीं दी जा रही हैं। सिर्फ यही नहीं, हमारे साथी क्रांति कुमार, जो हमारी रक्षा समिति के लिए बहुत उपयोगी कार्य कर रहे थे और हमें दैनिक आवश्यक चीजें भी उपलब्ध करा रहे थे, उन्हें झूठे आरोप में कैद कर लिया गया है। हमें यह जानकारी मिली है कि उन पर झूठा आरोप लगाया गया कि उन्होंने चटनी में गोलियाँ लाने की कोशिश की, लेकिन जब यह साबित नहीं हो सका, तो उन पर गुरदासपुर में, जो लाहौर से काफी दूर है, धारा 124ए (राजद्रोह) के तहत मामला दर्ज कर दिया गया।

मैं खुद एक पूर्णकालिक वकील नहीं रख सकता। इसलिए, मैं चाहता था कि मेरे विश्वसनीय मित्र अदालत की कार्यवाही को देखते रहें, लेकिन बिना किसी स्पष्ट कारण के उन्हें अनुमति नहीं दी गई। सिर्फ लाला अमरदास, एडवोकेट को एक सीट दी गई है।

हम इस दिखावटी नाटक को, जिसे न्याय के नाम पर खेला जा रहा है, कभी स्वीकार नहीं कर सकते, क्योंकि हमें अपने बचाव के लिए कोई सुविधा या लाभ नहीं दिया जा रहा है। एक और गंभीर शिकायत अखबारों की अनुपलब्धता को लेकर है। विचाराधीन कैदियों को दोषी कैदियों की तरह नहीं माना जा सकता। हमें कम से कम एक अखबार नियमित रूप से दिया जाना चाहिए। हम उन कैदियों के लिए भी एक अखबार चाहते हैं, जो अंग्रेजी नहीं जानते। इसलिए, विरोधस्वरूप, हम अंग्रेजी दैनिक *ट्रिब्यून* को भी वापस कर रहे हैं। हमने 29 जनवरी सन्

1930 को इन शिकायतों के कारण अदालत का बहिष्कार करने का निर्णय लिया था। जब ये असुविधाएँ बहाल कर दी जाएँगी, तब हम फिर से कार्यवाही में शामिल होंगे।

सादर,
आदि आदि।

लाहौर षड्यंत्र केस पर अध्यादेश

(2 मई सन् 1930)

(लाहौर षड्यंत्र केस (LCC) के अभियुक्तों की रणनीति मुकदमे को लंबा खींचने और अदालत को क्रांतिकारी दल के उद्देश्यों और लक्ष्यों के प्रचार के लिए एक मंच के रूप में इस्तेमाल करने की थी। सरकार ने यह चाल समझ ली और कार्यवाही को तेज करने के लिए मुकदमे को निचली अदालत से वापस ले लिया और एक अध्यादेश जारी किया, जिसे LCC अध्यादेश संख्या 3, 1930 के नाम से जाना गया। इस अध्यादेश के तहत, सरकार ने तीन उच्च न्यायालय के न्यायाधीशों की एक विशेष न्यायाधिकरण (ट्रिब्यूनल) नियुक्त की, और मुकदमा इसे सौंप दिया, इस ट्रिब्यूनल को यह अधिकार दिया गया कि वह गवाहों की गवाही को अनिवार्य रूप से सुनने की शर्त समाप्त कर सकता है और अभियुक्तों की अनुपस्थिति में भी कार्यवाही को आगे बढ़ा सकता है। गवर्नर–जनरल ने, इस कदम को सही ठहराते हुए कहा कि अभियुक्त बार–बार भूख हड़ताल कर रहे थे, जिससे अदालत की कार्यवाही बाधित हो रही थी। इसी संदर्भ में भगत सिंह ने गवर्नर–जनरल को यह पत्र लिखा, ताकि उनके तर्कों को पूरी तरह से खारिज किया जा सके।)

सेवा में,
महामहिम
गवर्नर–जनरल, भारत सरकार
शिमला।

महोदय,

हमारे मुकदमे की कार्यवाही को तेज़ करने के लिए जारी किए गए विशेष अध्यादेश का पूरा पाठ हमें पढ़कर सुनाया गया है। पंजाब उच्च न्यायालय के मुख्य न्यायाधीश द्वारा एक विशेष न्यायाधिकरण (ट्रिब्यूनल) भी नियुक्त कर दिया गया है। हम इस समाचार का स्वागत करते हैं। हम चुप रह सकते थे, यदि आपने इस मुकदमे में अब तक हमारी अपनाई गई नीति का उल्लेख न किया होता और इस तरह पूरी ज़िम्मेदारी हमारे ऊपर डालने की कोशिश न की होती। वर्तमान स्थिति को देखते हुए, हमें आवश्यक लग रहा है कि हम अपनी स्थिति को स्पष्ट करने के लिए एक बयान दें।

हम शुरू से ही देख रहे हैं कि सरकारी अधिकारी जानबूझकर हमें गलत तरीके से प्रस्तुत करने की कोशिश कर रहे हैं। आखिरकार, यह एक संघर्ष है, और अपने दुश्मनों का सामना करने के लिए सरकार के हाथ में गलत प्रस्तुतीकरण हमेशा से सबसे प्रभावी हथियार रहा है। हमें इस नीच रणनीति से कोई शिकायत नहीं है। हालाँकि, कुछ ऐसे बिंदु हैं जिन पर विचार करना आवश्यक है, और यही हमें निम्नलिखित उत्तर देने के लिए मजबूर कर रहा है।

आपने लाहौर षड्यंत्र केस अध्यादेश के साथ जारी अपने बयान में हमारी भूख हड़ताल का भी उल्लेख किया है। जैसा कि आपने स्वयं स्वीकार किया है, हममें से दो लोगों ने यह भूख हड़ताल उस विशेष मजिस्ट्रेट, आर.एस. पं. श्रीकृष्ण की अदालत में इस मामले की जाँच शुरू होने से कई सप्ताह पहले ही शुरू कर दी थी। इसलिए, कोई भी साधारण समझ रखने वाला व्यक्ति यह आसानी से समझ सकता है कि हमारी भूख हड़ताल का मुकदमे की कार्यवाही से कोई संबंध नहीं था। सरकार को भी इन शिकायतों के अस्तित्व को स्वीकार करना पड़ा। जब

सरकार ने इस मुद्दे के समाधान के लिए कुछ कदम उठाने का संकेत दिया और इसके लिए प्रांतीय जेल जाँच समितियाँ गठित की गईं, तो हमने अपनी भूख हड़ताल समाप्त कर दी। लेकिन पहले हमें बताया गया कि इस मुद्दे का अंतिम समाधान नवंबर तक हो जाएगा। फिर इसे दिसंबर तक टाल दिया गया। फिर जनवरी भी बीत गयी और यहाँ तक स्पष्ट नहीं हुआ कि सरकार इस मुद्दे पर कुछ करने जा रही है या नहीं। हमें डर था कि यह मामला ठंडे बस्ते में डाल दिया गया है। इसलिए, हमने 4 फरवरी सन् 1930 को, पूरे एक सप्ताह का नोटिस देने के बाद, दूसरी भूख हड़ताल शुरू की। तभी सरकार ने इस मुद्दे का अंतिम समाधान करने का प्रयास किया। एक आधिकारिक घोषणा प्रकाशित की गई और हमने फिर से भूख हड़ताल समाप्त कर दी, यहाँ तक कि हमने यह भी प्रतीक्षा नहीं की कि इस संबंध में अंतिम निर्णय लागू किया गया या नहीं। आज हमें यह एहसास हो रहा है कि ब्रिटिश सरकार ने अभी तक झूठ बोलने की नीति नहीं छोड़ी, भले ही यह किसी साधारण मामले में ही क्यों न हो। सरकार का आधिकारिक बयान स्पष्ट रूप से कुछ और कहता है, लेकिन व्यवहार में स्थिति बिल्कुल विपरीत है। खैर, यह इस विषय पर चर्चा करने का उपयुक्त स्थान नहीं है। यदि आवश्यकता पड़ी, तो हमें इसे बाद में उठाना पड़ सकता है। लेकिन हम यहाँ जिस बात पर जोर देना चाहते हैं, वह यह है कि हमारी भूख हड़ताल कभी भी अदालत की कार्यवाही के विरूद्ध नहीं थी। ऐसी गंभीर पीड़ा को झेलना और इतना बड़ा बलिदान देना केवल इस मामूली उद्देश्य के लिए नहीं हो सकता। दास ने अपने जीवन का बलिदान किसी तुच्छ कारण के लिए नहीं दिया था। राजगुरु और अन्य ने केवल मुकदमे को लंबा खींचने के लिए अपनी जान को जोखिम में नहीं डाला था।

आप भली–भांति जानते हैं, और इस मामले से जुड़े सभी लोग जानते हैं कि यह भूख हड़ताल नहीं थी जिसने आपको यह अध्यादेश जारी करने के लिए मजबूर किया। कोई और कारण है, जिसने आपकी सरकार को उलझन में डाल दिया। न तो यह मुकदमे को लंबा खींचने की वजह से हुआ और न ही कोई अन्य आपात स्थिति थी जिसने आपको इस अन्यायपूर्ण कानून पर हस्ताक्षर करने के लिए मजबूर किया। निश्चित रूप से इसका कारण कुछ और है।

लेकिन हम एक बार और सदा के लिए यह स्पष्ट कर देना चाहते हैं कि हमारी आत्माओं को किसी अध्यादेश से डराया नहीं जा सकता। आप कुछ व्यक्तियों को कुचल सकते हैं, लेकिन इस राष्ट्र को नहीं। जहाँ तक इस अध्यादेश की बात है, हम इसे अपनी जीत मानते हैं। हम शुरू से ही यह कहते आ रहे थे कि मौजूदा कानून सिर्फ एक दिखावा है। यह न्याय देने में सक्षम नहीं है। लेकिन राजनीतिक मामलों में अभियुक्तों को वे बुनियादी अधिकार भी नहीं दिए जाते, जिनके वे पूरी तरह से कानूनी रूप से हकदार हैं और जो साधारण अभियुक्तों को दिए जाते हैं। हम चाहते थे कि सरकार अपने दिखावे का पर्दा हटा दे और यह साफ तौर पर स्वीकार करे कि राजनीतिक अभियुक्तों को अपने बचाव के लिए निष्पक्ष अवसर नहीं दिए जा सकते। अब हमें सरकार की ओर से इसकी सीधी स्वीकारोक्ति मिल गई है। हम आपको और आपकी सरकार को इस स्पष्टता के लिए बधाई देते हैं और इस अध्यादेश का स्वागत करते हैं।

भले ही आपके एजेंट, विशेष मजिस्ट्रेट और अभियोजन पक्ष के वकीलों ने हमारी पूरी कार्यप्रणाली की उचितता को स्पष्ट रूप से स्वीकार कर लिया हो, फिर भी मात्र हमारे मुकदमे के अस्तित्व ने ही आपकी सरकार को घबराहट में डाल दिया। अब और क्या प्रमाण चाहिए कि इस संघर्ष में हमारी जीत सुनिश्चित है।

बचाव पक्ष से वंचित अपराधी का बयान

(5 मई सन् 1930)

(प्रचार के उद्देश्य से, लाहौर षड्यंत्र केस के आरोपियों ने खुद को तीन समूहों में बाँट लिया था। पहला समूह उन साथियों का था जिन्हें वकील के माध्यम से प्रतिनिधित्व दिया गया था। यह एक छोटा समूह था, जिनके खिलाफ़ ज़्यादा सबूत नहीं थे और जिनके बरी होने की संभावना थी।

दूसरा समूह उन आरोपियों का था जिनका कोई प्रतिनिधित्व नहीं था। भगत सिंह इसी समूह में शामिल थे। इस समूह के साथी आमतौर पर अदालत में मुखर रहते थे। वे अभियोजन पक्ष के गवाहों से जिरह करते, अभियोजन पक्ष को चुनौती देते, अदालत के फैसलों का विरोध करते, राजनीतिक भाषण देते और मुकदमे की कार्यवाही को लंबा खींचने के लिए हर संभव प्रयास करते थे।

तीसरा समूह उन आरोपियों का था जिनका कोई बचाव नहीं किया गया था। उनका उद्देश्य अदालत और सरकार की नीयत को चुनौती देना था। इस समूह में पाँच साथी शामिल थे। पहले ही दिन, उन्होंने न्यायाधिकरण के समक्ष एक लिखित बयान प्रस्तुत किया, जिसमें कहा गया कि वे विदेशी सरकार और उसके द्वारा नियुक्त अदालत को मान्यता नहीं देते और उन्हें दुश्मन की अदालत से किसी भी तरह की न्याय की उम्मीद नहीं है। यह बयान भगत सिंह ने तैयार किया था और

इसे अदालत में जितेंद्र नाथ सान्याल ने पढ़कर सुनाया था। अन्य चार हस्ताक्षरकर्ता महाबीर सिंह, गया प्रसाद कैतियार, कुंदन लाल और बटुकेश्वर दत्त थे। न्यायाधिकरण ने इस बयान को देशद्रोही घोषित कर दिया, इसे प्रतिबंधित कर दिया और मुकदमे की कार्यवाही का हिस्सा बनाने से इनकार कर दिया।)

सेवा में,
आयुक्त महोदय
विशेष न्यायाधिकरण
लाहौर षड्यंत्र केस
लाहौर

महोदय,

अपने पाँच साथियों सहित, मैं स्वयं की ओर से यह आवश्यक समझता हूँ कि मुकदमे की शुरुआत में ही निम्नलिखित बयान दिया जाए और इसे रिकॉर्ड पर रखा जाए।

हम इस मुकदमे की कार्यवाही में कोई हिस्सा नहीं लेना चाहते क्योंकि हम इस सरकार को मान्यता नहीं देते, जिसे न्याय पर आधारित या कानून द्वारा स्थापित बताया जाता है।

हम यह मानते हैं और स्पष्ट रूप से घोषणा करते हैं कि, 'मनुष्य ही सभी अधिकारों का स्रोत है, इसलिए कोई भी व्यक्ति या सरकार तब तक किसी अधिकार की हकदार नहीं हो सकती जब तक कि वह अधिकार सीधे जनता से प्राप्त न हुआ हो।'

चूँकि यह सरकार इन सिद्धांतों के पूरी तरह विपरीत है, इसलिए इसका अस्तित्व किसी भी रूप में न्यायसंगत नहीं है। ऐसी सरकारें, जो शोषित राष्ट्रों के उत्पीड़न और शोषण के लिए बनाई जाती हैं, उन्हें अस्तित्व में रहने का कोई अधिकार नहीं है, सिवाय तलवार के बल पर (अर्थात् क्रूर शक्ति के द्वारा), जिसके माध्यम से वे स्वतंत्रता और आजादी के विचारों तथा जनता की न्यायसंगत आकांक्षाओं को दबाने का प्रयास करती हैं।

हम मानते हैं कि ऐसी सभी सरकारें, और विशेष रूप से यह ब्रिटिश सरकार, जो असहाय लेकिन अनिच्छुक भारतीय राष्ट्र पर थोप दी गई है, किसी संगठित लुटेरों के गिरोह से बेहतर नहीं है। यह शोषकों का एक समूह है, जो संहार और विनाश के सभी साधनों से सुसज्जित है। 'कानून और व्यवस्था' के नाम पर, वे उन सभी को कुचल देते हैं जो उन्हें बेनकाब करने या उनका विरोध करने का साहस करते हैं।

हम मानते हैं कि साम्राज्यवाद एक विशाल षड्यंत्र के अलावा कुछ नहीं है, जिसे लूटपाट की मंशा से संगठित किया गया है। यह मनुष्य द्वारा मनुष्य के और राष्ट्र द्वारा राष्ट्र के छलपूर्वक शोषण के विकास की अंतिम अवस्था है। साम्राज्यवादी अपनी लुटेरी योजनाओं को आगे बढ़ाने के लिए न केवल अपने न्यायालयों के माध्यम से न्यायिक हत्याएँ करते हैं, बल्कि सामूहिक हत्याकांड, विध्वंस और युद्ध जैसे भयानक अपराध भी संगठित रूप से अंजाम देते हैं। वे निर्दोष और निहत्थे लोगों को बेरहमी से गोली मारने में कोई संकोच नही करते, यदि वे उनके शोषणकारी आदेशों के आगे झुकने या उनके विनाशकारी और घृणित इरादों को स्वीकार करने से मना कर दें। 'कानून और व्यवस्था' के रक्षकों के रूप में वे स्वयं को प्रस्तुत करते हैं, लेकिन वास्तव में वे शांति भंग करते हैं, अव्यवस्था फैलाते हैं, लोगों की हत्या करते हैं और सभी प्रकार के अपराध करते हैं।

हम विश्वास करते हैं कि स्वतंत्रता प्रत्येक व्यक्ति का अवश्यंभावी जन्मसिद्ध अधिकार है, कि प्रत्येक मनुष्य को अपने श्रम के फल का उपभोग करने का अपरिहार्य अधिकार प्राप्त है, और प्रत्येक राष्ट्र निसंदेह अपने संसाधनों का स्वामी है। यदि कोई सरकार इन मूलभूत अधिकारों से लोगों को वंचित करती है, तो जनता का अधिकार ही नहीं–उनका कर्तव्य बनता है–वे उस सरकार को समाप्त कर दें। हालाँकि ब्रिटिश सरकार उन सिद्धांतों का पूर्णकारण है जिनके लिए हम खड़े हैं, इसलिए हमारा दृढ़ विश्वास है कि इस सरकार को उखाड़ फेंकने और क्रांति लाने के लिए किए गए हर प्रयास और अपनाए गए हर तरीके को नैतिक रूप से उचित ठहराया जा सकता है। हम परिवर्तन के पक्ष में हैं, ऐसा आमूलचूल परिवर्तन जो सामाजिक, राजनीतिक और आर्थिक व्यवस्था को पूरी तरह बदल दे और वर्तमान व्यवस्था को एक नई व्यवस्था से

प्रतिस्थापित करे, जिसमें मनुष्य द्वारा मनुष्य का शोषण असंभव हो जाए और सभी लोगों को हर क्षेत्र में पूर्ण स्वतंत्रता की गारंटी मिले। हम यह महसूस करते हैं कि जब तक संपूर्ण सामाजिक व्यवस्था में परिवर्तन नहीं होता और समाजवादी समाज की स्थापना नहीं होती, तब तक समूचा विश्व एक विनाशकारी संकट के खतरे में रहेगा।

जहाँ तक क्रांतिकारी आदर्श की पूर्ति के लिए अपनाए जाने वाले तरीकों, शांतिपूर्ण या अन्यथा, का प्रश्न है, तो हम यह स्पष्ट करना चाहते हैं कि इसकी शक्ति उन लोगों के हाथ में है जो सत्ता में हैं। क्रांतिकारी, अपने परोपकारी सिद्धांतों के कारण, शांति के प्रेमी होते हैं–ऐसी वास्तविक और स्थायी शांति, जो न्याय और समानता पर आधारित हो, न कि कायरता से उपजी और संगीनों के बल पर कायम की गई मृगमरीचिका जैसी शांति। यदि क्रांतिकारी बम और पिस्तौल उठाते हैं, तो यह केवल एक भयानक आवश्यकता के रूप में, अंतिम उपाय के रूप में किया जाता है।

हम विश्वास करते हैं कि 'कानून और व्यवस्था मनुष्य के लिए हैं, न कि मनुष्य कानून और व्यवस्था के लिए।'

जैसा कि क्रांतिकारी फ्रांस की सर्वोच्च न्यायिक परिषद ने बहुत उचित रूप से व्यक्त किया है :

कानून का उद्देश्य समाप्त करना या प्रतिबंध लगाना नहीं, बल्कि स्वतंत्रता की रक्षा करना और उसे विस्तृत करना है। वैध सत्ता का दायित्व केवल उन प्रकाशित कानूनों द्वारा शासन करना है, जो मात्र जनकल्याण के लिए स्थापित किए गए हैं और जो अंततः जनता की सहमति और अधिकार पर आधारित होते हैं। इस कानून से कोई भी व्यक्ति मुक्त नहीं हो सकता–यहाँ तक कि स्वयं कानून–निर्माता भी नहीं।

कानून की पवित्रता तभी तक बनी रह सकती है जब तक वह लोगों की इच्छाओं की अभिव्यक्ति है। जब यह किसी शासक वर्ग के हाथों में एक साधारण उपकरण मात्र बन जाता है, तो यह अपनी पवित्रता और महत्व खो देता है, क्योंकि न्याय के प्रशासन की बुनियादी शर्त यह है कि किसी भी प्रकार के स्वार्थ को हटाया जाए। जैसे ही कानून जनता की सामाजिक आवश्यकताओं के अनुरूप नहीं रहता, यह अन्याय और अत्याचार को बनाए रखने का साधन बन जाता है। ऐसे कानून को

बनाए रखना आम हित के खिलाफ किसी विशेष स्वार्थ की दिखावटी पुष्टि मात्र है।

वर्तमान सरकार का कानून हमारे लोगों के हितों के खिलाफ और विदेशी शासकों के स्वार्थ के लिए बनाया गया है, इसलिए इन कानूनों का हम पर कोई नैतिक बंधन नहीं है। अतः, सभी भारतीयों का यह कर्तव्य बनता है कि वे इन अन्यायपूर्ण कानूनों का विरोध करें और उनका पालन न करें। ब्रिटिश न्यायालय, जो शोषण की पूरी व्यवस्था का एक हिस्सा हैं, न्याय प्रदान नहीं कर सकते–विशेष रूप से राजनीतिक मामलों में, जहाँ सरकार और जनता के हित आपस में टकराते हैं। हम जानते हैं कि ये न्यायालय केवल न्याय का नाटक करने के लिए बनाए गए मंच हैं।

इन्हीं कारणों से, हम इस नाटक का हिस्सा बनने से मना करते हैं और आगे से इस मुकदमे की कार्यवाही में भाग नहीं लेंगे।

आपका,
जे. एन. सन्याल,
बटुकेश्वर दत्त,
डॉ. गया प्रसाद,
कुंदन लाल

जयदेव गुप्ता को पत्र

(भगत सिंह द्वारा 24 जून, सन् 1930 को जयदेव गुप्ता को लिखा गया पत्र, यह पत्र भगत सिंह ने 24 जून, सन् 1930 को अपने स्कूल के दिनों के करीबी मित्र जयदेव गुप्ता को कुछ पुस्तकों के लिए लिखा था। यह इस बात का संकेत देता है कि वे जेल में किस प्रकार की पुस्तकें पढ़ते थे। साथ ही, यह दर्शाता है कि वे अपने साथियों के बौद्धिक विकास को लेकर कितने गंभीर थे।)

लाहौर सेंट्रल जेल
मेरे प्रिय जयदेव,
कृपया द्वारकादास लाइब्रेरी से निम्नलिखित पुस्तकें मेरे नाम पर लेकर रविवार को कुलवीर के माध्यम से भेज देना :

मिलिटेरिज़्म (कारी लिब्कनेच्ट); *व्हाई मेन फ़ाइट* (बी. रसेल)
सोवियत्स एट वर्क; कोलैप्स ऑफ़ द सेकंड इंटरनेशनल
लेफ़्ट–विंग कम्युनिज़्म; म्युचुअल एड (प्रिंस क्रोपॉटकिन)
फ़ील्ड्स, फ़ैक्ट्रीज़ एंड वर्कशॉप्स; सिविल वॉर इन फ्रांस (मार्क्स)
लैंड रेवोल्यूशन इन रशिया; स्पाई (अप्टन सिंक्लेयर)

इसके अलावा, पंजाब पब्लिक लाइब्रेरी से *हिस्टॉरिकल मटेरियलिज़्म* (बुकहारिन) नामक पुस्तक भी भेज देना। साथ ही, लाइब्रेरियन से यह पता करना कि क्या कुछ पुस्तकें बोरस्टल जेल भेजी गई हैं। वहाँ किताबों का भयंकर अकाल पड़ा हुआ है।

उन्होंने सुखदेव के भाई जयदेव के माध्यम से पुस्तकों की एक सूची भेजी थी, लेकिन अब तक उन्हें कोई भी पुस्तक नहीं मिली है। यदि लाइब्रेरी के पास वह सूची नहीं है, तो कृपया लाला फिरोज़ चंद से कहकर उनकी पसंद की कुछ रोचक पुस्तकें भिजवाने की व्यवस्था करें। ये पुस्तकें इस रविवार से पहले वहाँ अवश्य पहुँच जानी चाहिए, क्योंकि मैं उसी दिन वहाँ जा रहा हूँ। यह कार्य बहुत आवश्यक है, कृपया इसे ध्यान में रखें।

इसके अलावा, कृपया *पंजाब पीजेंट्स इन प्रॉस्पेरिटी एंड डेब्ट* (डार्लिंग) और इसी तरह की 2–3 अन्य पुस्तकें डॉ. आलम के लिए भी भेज देना। आशा है कि इस परेशानी के लिए तुम मुझे माफ करोगे। मैं वादा करता हूँ कि आगे से तुम्हें और तकलीफ नहीं दूंगा। मेरी ओर से सभी मित्रों को याद करना और लज्जावती को मेरा सम्मान देना। मुझे पूरा विश्वास है कि यदि दत्त की बहन आई, तो वह मुझसे मिलने आना नहीं भूलेगी।

सादर,
भगत सिंह

न्यायमूर्ति हिल्टन को भी जाना होगा

(25 जून, 1930)

(हमारा मामला विशेष न्यायाधिकरण के समक्ष 5 मई, सन् 1930 को प्रारंभ हुआ। 12 मई को, एक गीत को लेकर अध्यक्ष न्यायाधीश अपना आपा खो बैठे और आदेश दिया कि सभी अभियुक्तों को हथकड़ी लगा दी जाए। अभियुक्तों ने इसका विरोध किया। इसके बाद, बलपूर्वक उन्हें अदालत से बाहर निकाल दिया गया और वापस जेल भेज दिया गया। अगले दिन से, सभी अभियुक्तों ने अदालत का बहिष्कार कर दिया और यह माँग की कि अध्यक्ष न्यायाधीश माफी माँगे या फिर उन्हें हटा दिया जाए। 21 जून को, सरकार ने अध्यक्ष न्यायाधीश को हटा दिया, लेकिन उसके साथ–साथ न्यायमूर्ति आगा हैदर को भी हटा दिया, जो अभियुक्तों के प्रति सहानुभूति रखने वाले वरिष्ठ न्यायाधीश थे। 23 जून को, जब अभियुक्त अदालत पहुँचे, तो उन्होंने देखा कि न्यायमूर्ति हिल्टन, जो पहले दिए गए आदेश में शामिल थे, न्यायाधिकरण की अध्यक्षता कर रहे थे। अभियुक्तों ने इसका विरोध किया और माँग की कि या तो न्यायमूर्ति हिल्टन स्वयं को इस आदेश से अलग करें, या फिर वे माफी माँगें। यदि वे ऐसा नहीं करते, तो उन्हें भी न्यायाधिकरण से हटा दिया जाना चाहिए। इसी संदर्भ में भगत सिंह ने यह पत्र लिखा था।)

सेवा में,
आयुक्त महोदय
विशेष न्यायाधिकरण
लाहौर षड्यंत्र केस
लाहौर

महोदय,

जहाँ दो न्यायाधीशों ने न्यायाधिकरण से स्वयं को अलग कर लिया है या उन्हें अलग होने के लिए बाध्य किया गया है और उनकी जगह दो नए न्यायाधीश नियुक्त किए गए हैं, हम महसूस करते हैं कि हमारी स्थिति को स्पष्ट रूप से समझाने के लिए एक बयान देना बहुत आवश्यक है ताकि किसी भी प्रकार की गलतफहमी की कोई संभावना न रहे।

12 मई, 1930 को, उस समय के अध्यक्ष, न्यायमूर्ति कोल्डस्ट्रीम द्वारा हमें हथकड़ी लगाने का आदेश दिया गया। जब हमने अदालत से इस अचानक और असामान्य आदेश का कारण बताने के लिए कहा, तो इसे विचार करने योग्य नहीं समझा गया। पुलिस ने हमें ज़बरदस्ती हथकड़ी लगाई और वापस जेल ले गई। तीन न्यायाधीशों में से एक, मो. आगा हैदर, ने अगले दिन इस आदेश से स्वयं को अलग कर लिया। उस दिन से, हम अदालत में उपस्थित नहीं हो रहे हैं।

अगले दिन, हमारी वह शर्त न्यायाधिकरण के समक्ष रखी गई, जिस पर हम अदालत में उपस्थित होने के लिए तैयार थे, अर्थात् या तो अध्यक्ष माफी माँगें या उन्हें पद से हटा दिया जाए, लेकिन हमारा यह कभी भी अर्थ नहीं था कि वह न्यायाधीश, जो उस आदेश का हिस्सा था, अध्यक्ष के स्थान पर आ जाए। पाँच सप्ताह से अधिक समय तक, अभियुक्तों की शिकायतों पर कोई ध्यान नहीं दिया गया।

वर्तमान में न्यायाधिकरण की जो संरचना है, उसके अनुसार, अध्यक्ष और वह दूसरे न्यायाधीश, जिन्होंने अध्यक्ष के आदेश से असहमति जताई थी, दोनों को नए दो न्यायाधीशों से बदल दिया गया है। इस तरह, वह न्यायाधीश जो उस आदेश से जुड़े थे, क्योंकि अध्यक्ष ने बहुमत के पक्ष में आदेश दिया था, अब न्यायाधिकरण के अध्यक्ष नियुक्त किए गए हैं।

इन परिस्थितियों में, हम एक बात पर जोर देना चाहते हैं कि हमें न्यायमूर्ति श्री कोल्डस्ट्रीम के प्रति कोई व्यक्तिगत शिकायत नहीं थी। हमने उस आदेश का विरोध किया था, जो अध्यक्ष ने बहुमत के पक्ष में दिया था, और उसके बाद हमारे साथ हुए अनुचित व्यवहार का भी विरोध किया था।

हमें न्यायमूर्ति श्रीमान कोल्डस्ट्रीम और न्यायमूर्ति श्रीमान हिल्टन के प्रति पूरा सम्मान है, जैसा कि एक इंसान को दूसरे इंसान के प्रति रखना चाहिए। और क्योंकि हमारा विरोध एक विशेष आदेश के खिलाफ था, इसलिए हम चाहते थे कि अध्यक्ष माफी माँगें। इसका अर्थ यह था कि ट्रिब्यूनल की ओर से, जो उस आदेश के लिए ज़िम्मेदार था, अध्यक्ष को माफी माँगनी चाहिए। अध्यक्ष के हटने से स्थिति में कोई बदलाव नहीं आया, क्योंकि न्यायमूर्ति श्रीमान हिल्टन, जो उस आदेश में शामिल थे, अब उनकी जगह अध्यक्ष बन गए हैं और उन्होंने हमारे अपमान में और वृद्धि कर दी है।

आपका, आदि।
भगत सिंह, बटुकेश्वर दत्त

पिता को पत्र

(जब मुकदमा अपने अंतिम चरण में था, उस समय सरदार किशन सिंह (भगत सिंह के पिता) ने न्यायाधिकरण को एक लिखित अनुरोध भेजा। उन्होंने कहा कि कई ऐसे तथ्य हैं जो साबित कर सकते हैं कि उनका पुत्र निर्दोष हैं और उसका सांडर्स की हत्या से कोई संबंध नहीं है। उन्होंने यह भी अनुरोध किया कि उनके पुत्र को अपनी बेगुनाही साबित करने का अवसर दिया जाए। जब भगत सिंह को इस बारे में पता चला, तो वह बहुत नाराज़ हुए और 4 अक्टूबर, सन् 1930 को अपने पिता को यह कड़ा पत्र लिखा, जिसमें उन्होंने उनके कदम का विरोध किया।)

मेरे प्रिय पिताजी,

मुझे यह जानकर गहरा धक्का लगा कि आपने विशेष न्यायाधिकरण के सदस्यों को मेरे बचाव में एक याचिका प्रस्तुत की है। यह खबर मेरे लिए इतना बड़ा आघात थी कि इसे शांत मन से सहन कर पाना असंभव था। इसने मेरे मानसिक संतुलन को पूरी तरह हिला कर रख दिया है। मैं यह समझ नहीं पा रहा हूँ कि आपने इस स्थिति में और इस चरण पर आकर ऐसी याचिका देना उचित कैसे समझा? एक पिता के तमाम भावनात्मक लगाव और संवेदनाओं के बावजूद, मुझे नहीं लगता कि आपको बिना मुझसे पूछे मेरी ओर से ऐसा कदम उठाने का कोई अधिकार था। आप

जानते हैं कि राजनीतिक क्षेत्र में मेरे विचार हमेशा आपके विचारों से अलग रहे हैं। मैंने हमेशा अपनी स्वतंत्र सोच के अनुसार कार्य किया है, बिना इस पर ध्यान दिए कि आप मुझे स्वीकृति देंगे या अस्वीकृति।

मुझे उम्मीद है कि आपको याद होगा कि शुरूआत से ही आप मुझे यह समझाने का प्रयास करते रहे हैं कि मैं अपने मुकदमे को गंभीरता से लड़ूँ और ठीक से अपना बचाव करूँ। लेकिन आप यह भी जानते हैं कि मैं हमेशा इसके खिलाफ था। मैंने कभी भी अपना बचाव करने की इच्छा नहीं रखी और न ही इस बारे में गंभीरता से सोचा। यह अलग बात है कि यह सिर्फ एक अस्पष्ट विचारधारा थी या मेरे पास अपने रुख को सही ठहराने के लिए ठोस तर्क थे। यह एक अलग विषय है, जिस पर यहाँ चर्चा नहीं की जा सकती।

आप जानते हैं कि इस मुकदमे में हम एक निश्चित नीति का पालन कर रहे थे। मेरा हर कार्य उसी नीति, सिद्धांत और कार्यक्रम के अनुरूप है। वर्तमान परिस्थितियाँ भले ही अलग हैं, लेकिन यदि स्थिति कुछ और भी होती, तब भी मैं अपने बचाव के लिए अंतिम व्यक्ति होता। इस मुकदमे के दौरान मेरे मन में सिर्फ एक ही विचार था कि हम पर लगे गंभीर आरोपों के बावजूद मुकदमे के प्रति पूरी तरह से उदासीन रहना चाहिए। मेरा हमेशा से मानना रहा है कि सभी राजनीतिक कार्यकर्ताओं को मुकदमे की कानूनी लड़ाई की चिंता नहीं करनी चाहिए और जो भी कठोर से कठोर सजा दी जाए, उसे हिम्मत से सहन करना चाहिए। वे अपना बचाव कर सकते हैं, लेकिन हमेशा राजनीतिक कारणों से, कभी भी व्यक्तिगत लाभ के लिए नहीं। इस मुकदमे में हमारी नीति हमेशा इसी सिद्धांत पर आधारित रही है। हम इसमें सफल हुए या नहीं, इसका निर्णय करना मेरा काम नहीं है। लेकिन हमने हमेशा निष्पक्ष रूप से अपने कर्तव्य का पालन किया है।

लाहौर षड्यंत्र केस अध्यादेश के साथ जारी बयान में वायसराय ने कहा था कि इस मुकदमे के अभियुक्त कानून और न्याय की अवहेलना करने की कोशिश कर रहे हैं। यह परिस्थिति हमारे लिए एक अवसर थी जनता को दिखाने का कि वास्तव में हम कानून का अपमान कर रहे थे या कोई और ऐसा कर रहा था। इस मुद्दे पर लोग हमसे असहमत हो सकते हैं। आप भी उनमें से एक हो सकते हैं। लेकिन इसका यह मतलब

नहीं कि मेरे बिना सहमति या मेरी जानकारी के बिना, मेरी ओर से ऐसे कदम उठाए जाएं। मेरी ज़िंदगी उतनी मूल्यवान नहीं है, कम से कम मेरे लिए, जितनी कि आप शायद समझते हैं। मेरे सिद्धांतों की कीमत पर इसे बचाना मेरे लिए कोई मायने नहीं रखता। मेरे अन्य साथी भी हैं, जिनका मुकदमा उतना ही गंभीर है जितना कि मेरा। हमने एक साझा नीति अपनाई थी, और हम अंत तक उस पर डटे रहेंगे, चाहे इसकी कितनी भी बड़ी व्यक्तिगत कीमत क्यों न चुकानी पड़े।

पिताजी, मैं पूरी तरह से उलझन में हूँ। मुझे डर है कि कहीं मैं शिष्टाचार के सामान्य नियमों को नजरअंदाज़ न कर दूँ और आपके इस कदम की आलोचना करते हुए मेरी भाषा कुछ कठोर न हो जाए। लेकिन मुझे साफ–साफ कहने दीजिए–मुझे ऐसा लग रहा है जैसे मेरी पीठ में छुरा घोंपा गया हो। अगर यह किसी और ने किया होता, तो मैं इसे विश्वासघात से कम नहीं समझता। लेकिन आपके मामले में, मैं इसे केवल एक कमजोरी कहूँगा–और वह भी सबसे बुरी तरह की कमजोरी।

यह वह समय था जब हर किसी की दृढ़ता की परीक्षा हो रही थी। पिता जी, मुझे कहना पड़ेगा कि आप इस परीक्षा में असफल हो गए।

मैं जानता हूँ कि आप एक सच्चे देशभक्त हैं, जितना कोई हो सकता है। मुझे यह भी पता है कि आपने अपना जीवन भारत की स्वतंत्रता के लिए समर्पित कर दिया है। लेकिन फिर भी, इस नाजुक घड़ी में आपने ऐसी कमजोरी क्यों दिखाई? मैं इसे समझ नहीं पा रहा हूँ।

अंत में, मैं आपको, अपने अन्य मित्रों और उन सभी लोगों को, जो मेरे मुकदमे में रुचि रखते हैं, यह बताना चाहता हूँ कि मैंने आपके इस कदम को कभी स्वीकृति नहीं दी। मैं अब भी अपने बचाव के बिल्कुल पक्ष में नहीं हूँ। यहाँ तक कि अगर अदालत ने मेरे कुछ सहअभियुक्तों द्वारा बचाव आदि के लिए दी गई याचिका को स्वीकार भी कर लिया होता, तब भी मैं अपना बचाव नहीं करता। मेरी ओर से न्यायाधिकरण को दी गई वे अर्ज़ियाँ, जो भूख हड़ताल के दौरान मुलाकात के संबंध में थीं, गलत तरीके से प्रस्तुत की गईं और प्रेस में यह खबर छप गई कि मैं अपना बचाव करने जा रहा हूँ। लेकिन वास्तव में, मैंने कभी भी बचाव की इच्छा नहीं जताई थी। आज भी मेरा वही मत है, जो पहले

था। बोरस्टल जेल में मेरे साथी इसे मेरे द्वारा किया गया विश्वासघात और धोखा समझेंगे। मुझे तो यह भी अवसर नहीं मिलेगा कि मैं उनके सामने अपनी स्थिति स्पष्ट कर सकूँ।

मैं चाहता हूँ कि जनता को इस पूरे मामले की सच्चाई पता चले। इसलिए, मैं आपसे अनुरोध करता हूँ कि इस पत्र को प्रकाशित करें।

आपका प्यारा बेटा,
भगत सिंह

मैं नास्तिक क्यों हूँ

(5 और 6 अक्टूबर, सन् 1930)

एक नया प्रश्न उठ खड़ा हुआ है—क्या मैं अहंकार के कारण सर्वशक्तिमान, सर्वव्यापी और सर्वज्ञानी ईश्वर के अस्तित्व को नहीं मानता? मैंने कभी नहीं सोचा था कि मुझे इस तरह के प्रश्न का सामना करना पड़ेगा। किंतु कुछ मित्रों से हुई बातचीत से यह संकेत मिला कि मेरे कुछ साथी—अगर यह मान लेना कि वे वास्तव में मेरे मित्र हैं, कोई अतिशयोक्ति न हो—इस निष्कर्ष पर पहुँचने की प्रवृत्ति रखते हैं कि मेरा ईश्वर के अस्तित्व से इनकार करना एक बड़ी बात है और इसमें मेरे अहंकार का भी योगदान है। खैर, यह एक गंभीर मुद्दा है। मैं यह दावा नहीं करता कि मैं पूरी तरह से मानवीय कमजोरियों से ऊपर हूँ। मैं एक साधारण इंसान हूँ, इससे अधिक कुछ नहीं। कोई भी इससे अधिक होने का दावा नहीं कर सकता। और मेरे भीतर भी यह कमजोरी है। अहंकार मेरे स्वभाव का एक हिस्सा ज़रूर है। मेरे साथियों के बीच मुझे कभी—कभी निरंकुश (स्वेच्छाचारी) कहा जाता था। मेरे मित्र श्री बटुकेश्वर दत्त भी कभी—कभी मुझे ऐसा कहते थे। कुछ अवसरों पर मुझे तानाशाह तक कहा गया। कुछ मित्र गंभीरता से यह शिकायत करते थे कि मैं अनजाने में अपनी राय दूसरों पर थोप देता हूँ और अपने प्रस्ताव मनवाने में सफल हो जाता हूँ। मैं इस बात से पूरी तरह इनकार नहीं करता कि इसमें कुछ सच्चाई हो सकती है। इसे अहंकार भी कहा जा सकता है। जहाँ तक हमारी विचारधारा (संस्कृति) का अन्य लोकप्रिय मतों के विरुद्ध होना है,

उसमें मेरे अंदर अहंकार हो सकता है। लेकिन यह व्यक्तिगत अहंकार नहीं है। यह संभव है कि यह केवल हमारी विचारधारा पर उचित गर्व हो और अहंकार की श्रेणी में न आता हो। अहंकार, या अधिक स्पष्ट रूप से कहें तो 'आत्माभिमान', अपने ऊपर अत्यधिक और अनुचित गर्व करना है। अब प्रश्न यह है कि क्या यही अनुचित गर्व मुझे नास्तिकता तक ले आया है, या फिर गहन अध्ययन और विचार–विमर्श के बाद मैंने ईश्वर में अविश्वास किया है? इसी प्रश्न पर मैं यहाँ चर्चा करना चाहता हूँ। सबसे पहले, मुझे यह स्पष्ट कर देना चाहिए कि अहंकार और आत्माभिमान दो अलग–अलग बातें हैं।

सबसे पहले, मैं यह बिल्कुल नहीं समझ पाया कि कैसे अत्यधिक अभिमान या व्यर्थ की आत्मश्लाघा किसी व्यक्ति को ईश्वर में विश्वास करने से रोक सकती है। मैं किसी महान व्यक्ति की महानता को नकार सकता हूँ, यदि मुझे बिना किसी योग्य गुण के या बिना वास्तविक योग्यता के अनुचित लोकप्रियता मिल जाए। यह तो समझ में आता है। लेकिन कोई व्यक्ति जो ईश्वर में विश्वास करता है, वह अपने व्यक्तिगत अहंकार के कारण ईश्वर में विश्वास करना कैसे बंद कर सकता है? इसके केवल दो ही तरीके हो सकते हैं। वह व्यक्ति स्वयं को ईश्वर का प्रतिद्वंद्वी मानने लगे। वह स्वयं को ही ईश्वर समझने लगे। इन दोनों ही स्थितियों में वह एक सच्चा नास्तिक नहीं हो सकता। पहली स्थिति में तो वह अपने प्रतिद्वंद्वी (ईश्वर) के अस्तित्व को पूरी तरह नकारता भी नहीं है। दूसरी स्थिति में भी, वह व्यक्ति यह स्वीकार करता है कि पर्दे के पीछे कोई सचेत शक्ति है, जो प्रकृति की सभी गतिविधियों को नियंत्रित कर रही है। अब यह हमारे लिए कोई मायने नहीं रखता कि वह स्वयं को ही परम सत्ता मानता है या फिर उसे अपने अलावा किसी और के रूप में देखता है। असल बात यह है कि उसका विश्वास बना रहता है। वह किसी भी रूप में नास्तिक नहीं हो सकता। अब मैं अपनी बात करूँ, मैं न तो पहली श्रेणी में आता हूँ और न ही दूसरी में। मैं उस सर्वशक्तिमान परम सत्ता के अस्तित्व को पूरी तरह नकारता हूँ। मैं ईश्वर के अस्तित्व को ही नहीं मानता। मैं यह बाद में बताऊँगा कि मैं ईश्वर के अस्तित्व को क्यों नकारता हूँ। लेकिन यहाँ मैं सिर्फ एक बात स्पष्ट करना चाहता हूँ: मेरे नास्तिक होने के पीछे अहंकार का कोई कारण

नहीं है। मैं न तो ईश्वर का प्रतिद्वंद्वी हूँ, न उसका अवतार, और न ही स्वयं परम सत्ता। एक बात स्पष्ट हो गई, मेरी नास्तिकता का कारण अहंकार नहीं है। अब, मैं उन तथ्यों की जाँच करूँगा, जो इस आरोप (कि मेरा नास्तिक होना अहंकार का परिणाम है) को गलत साबित करेंगे। मेरे कुछ मित्रों के अनुसार, शायद मैं अहंकारी हो गया हूँ, और इसकी वजह मुझे मिली अत्यधिक लोकप्रियता हो सकती है, जो दिल्ली बम कांड और लाहौर षड्यंत्र केस के मुकदमों के दौरान मुझे मिली। अच्छा, आइए देखें कि क्या उनका तर्क सही है। मेरी नास्तिकता कोई नई बात नहीं है। मैंने ईश्वर में विश्वास करना तब छोड़ दिया था, जब मैं एक साधारण युवक था, जिसके बारे में मेरे इन मित्रों को कोई जानकारी भी नहीं थी। कम से कम एक कॉलेज का छात्र तो ऐसा अनुचित गर्व नहीं पाल सकता, जो उसे नास्तिक बना दे। हालाँकि मैं कुछ प्रोफेसरों का प्रिय था और कुछ मुझे नापसंद भी करते थे, मैं कभी भी कोई मेहनती या पढ़ाई में बहुत आगे रहने वाला छात्र नहीं था। इसलिए मुझे अहंकार में डूबने का कोई अवसर ही नहीं मिला। बल्कि, मैं एक संकोची स्वभाव का लड़का था, जो अपने भविष्य को लेकर निराशावादी दृष्टिकोण रखता था। और वैसे भी, उन दिनों मैं पूरी तरह से नास्तिक भी नहीं था। मेरे दादा जी, जिनके प्रभाव में मेरा बचपन बीता, एक कट्टर आर्य समाजी थे। और आर्य समाजी कभी भी नास्तिक नहीं हो सकता। प्राथमिक शिक्षा पूरी करने के बाद, मैंने लाहौर के डीएवी स्कूल में दाखिला लिया और वहाँ के छात्रावास में पूरे एक साल तक रहा। वहाँ, सुबह और शाम की प्रार्थनाओं के अलावा, मैं घंटों तक 'गायत्री मंत्र' का जाप किया करता था। उन दिनों मैं पूरी तरह से भक्त था। बाद में, मैं अपने पिता के साथ रहने लगा। धार्मिक कट्टरता के मामले में वह उदार थे। उनकी शिक्षाओं ने ही मुझे देश की आज़ादी के लिए अपना जीवन समर्पित करने की प्रेरणा दी। लेकिन वह नास्तिक नहीं थे। वह ईश्वर में दृढ़ विश्वास रखते थे और वह हमेशा मुझे नियमित रूप से प्रार्थना करने के लिए प्रेरित करते थे। इस तरह मेरा पालन–पोषण हुआ। जब असहयोग आंदोलन के दिनों में मैंने नेशनल कॉलेज में दाखिला लिया, तब मेरे विचारों में बदलाव आना शुरू हुआ। वहीं मैंने उदारता से सोचना शुरू किया और हर धार्मिक मुद्दे पर चर्चा और आलोचना करने लगा, यहाँ तक कि ईश्वर

के विषय पर भी। लेकिन फिर भी, मैं एक आस्थावान (भक्त) था। उस समय तक मैंने अपने बाल न कटवाने और लंबे केश रखने की परंपरा अपनानी शुरू कर दी थी। लेकिन मैं सिख धर्म या किसी अन्य धर्म की पौराणिक कथाओं और सिद्धांतों में विश्वास नहीं करता था। फिर भी, मैं ईश्वर के अस्तित्व पर अडिग विश्वास रखता था।

बाद में, मैं क्रांतिकारी दल में शामिल हो गया। जिस पहले नेता से मेरा संपर्क हुआ, वह, भले ही पूरी तरह आश्वस्त न थे, लेकिन ईश्वर के अस्तित्व से इनकार करने का साहस नहीं कर सके। जब मैं ईश्वर के बारे में उनसे बार–बार पूछता, तो वह कहा करते थे, 'जब चाहो, प्रार्थना कर लो।' अब, यह नास्तिकता कम और उस विचारधारा को अपनाने के लिए आवश्यक साहस की कमी अधिक थी। दूसरे नेता, जिनसे मेरा संपर्क हुआ, एक दृढ़ आस्तिक थे। मैं उनका नाम स्पष्ट रूप से लेना चाहता हूँ–सम्माननीय साथी सचिंद्र नाथ सान्याल, जो काकोरी षड्यंत्र केस में आजीवन कारावास की सजा काट रहे हैं। उनकी प्रसिद्ध और एकमात्र पुस्तक *बंदी जीवन* के पहले पृष्ठ से ही ईश्वर की महिमा का जोरदार गुणगान किया गया है। इस सुंदर पुस्तक के दूसरे भाग के अंतिम पृष्ठ पर, उनके विचारों में वेदांतवाद के कारण रहस्यमय विचारधारा की झलक मिलती है, जिसमें ईश्वर की स्तुति की गई है। 'द रिवॉल्यूशनरी' पर्चा, जो 28 जनवरी सन् 1925 को पूरे भारत में बाँटा गया था, अभियोजन पक्ष के अनुसार, उनके बौद्धिक परिश्रम का परिणाम था। अब, जैसा कि गुप्त संगठनों में स्वाभाविक रूप से होता है, प्रमुख नेता अपने प्रिय विचारों को व्यक्त करते हैं और बाकी कार्यकर्ताओं को, भले ही उनके मतभेद हों, उनका पालन करना पड़ता है। उस पर्चे में एक पूरा अनुच्छेद सर्वशक्तिमान की स्तुति और उसके कार्यों के गुणगान के लिए समर्पित था। यह सब केवल रहस्यवाद था। मैं जो बताना चाहता हूँ, वह यह है कि क्रांतिकारी दल में भी नास्तिकता का विचार अब तक जन्म नहीं ले पाया था। प्रसिद्ध काकोरी शहीदों में–सभी चारों ने–अपने अंतिम दिन प्रार्थनाओं में बिताए। रामप्रसाद बिस्मिल एक कट्टर आर्य समाजी थे। समाजवाद और साम्यवाद के क्षेत्र में विस्तृत अध्ययन करने के बावजूद, राजेन्द्र लाहिड़ी *उपनिषदों* और *गीता* के मंत्रों का पाठ करने की इच्छा को दबा नहीं सके। मैंने उनमें सिर्फ एक व्यक्ति

को ऐसा देखा, जो कभी प्रार्थना नहीं करता था और कहा करता था : 'दर्शनशास्त्र मानव की कमजोरी या ज्ञान की सीमाओं का परिणाम है।' वह भी आजीवन कारावास की सजा काट रहे हैं। लेकिन उन्होंने भी कभी ईश्वर के अस्तित्व से इनकार करने का साहस नहीं किया।

उस समय तक, मैं सिर्फ एक रोमांटिक आदर्शवादी क्रांतिकारी था। तब तक, हमें दूसरों का अनुसरण करना था। किंतु अब पूरा दायित्व अपने कंधों पर लेने का समय आ गया था। स्वाभाविक प्रतिक्रिया के कारण, कुछ समय तक पार्टी का अस्तित्व ही असंभव–सा लगने लगा। जोशीले साथी–नहीं, बल्कि नेता भी हम पर ताने कसने लगे। कुछ समय के लिए, मुझे डर लगने लगा कि कहीं मैं भी अपने ही कार्यक्रम की व्यर्थता पर विश्वास न करने लगूं। यही मेरे क्रांतिकारी जीवन का एक महत्वपूर्ण मोड़ था। मेरे मन के कोनों में एक ही आवाज गूंज रही थी, 'अध्ययन करो!' अपनी विचारधारा के समर्थन में ठोस तर्क तैयार करने के लिए अध्ययन करो। मैंने अध्ययन करना शुरू किया। मेरी पहले की आस्थाएँ और विश्वास बड़े बदलाव से गुजरे। हमारे पूर्वजों के विचारों में जो सिर्फ हिंसात्मक तरीकों की रोमांचकता थी, उसकी जगह अब गंभीर सोच ने ले ली। अब कोई रहस्यवाद नहीं, कोई अंधविश्वास नहीं। यथार्थवाद हमारा सिद्धांत बन गया। बल प्रयोग केवल तभी उचित है जब यह एक अत्यधिक आवश्यक परिस्थिति बन जाए। और, जन आंदोलनों के लिए अहिंसा को एक अनिवार्य नीति माना जाना चाहिए। यही था तरीकों का सार। सबसे महत्वपूर्ण बात यह थी कि हमें जिस आदर्श के लिए संघर्ष करना था, उसकी एक स्पष्ट अवधारणा हो। चूंकि क्रांतिकारी गतिविधियों के क्षेत्र में उस समय कोई महत्वपूर्ण कार्य नहीं चल रहा था, इसलिए मुझे विश्व क्रांति के विभिन्न आदर्शों का अध्ययन करने का भरपूर अवसर मिला। मैंने बाकुनिन, जो एक अराजकतावादी नेता थे, का अध्ययन किया। थोड़ा बहुत मार्क्स, जो साम्यवाद के जनक माने जाते हैं, और काफी कुछ लेनिन, ट्रॉट्स्की तथा अन्य क्रांतिकारियों का अध्ययन किया–वे सभी वे लोग थे, जिन्होंने अपने देश में सफलतापूर्वक क्रांति को अंजाम दिया था। ये सभी नास्तिक थे। बाकुनिन की पुस्तक *गॉड एंड द स्टेट* (हालांकि यह अधूरी है) इस विषय पर एक दिलचस्प अध्ययन था। बाद में, मुझे निरालंबा स्वामी की एक पुस्तक *कॉमन सेंस*

पढ़ने को मिली। यह केवल एक प्रकार की रहस्यवादी नास्तिकता थी। इस विषय में मेरी रुचि और भी बढ़ती गई। सन् 1926 के अंत तक, मैं इस निष्कर्ष पर पहुँच चुका था कि एक सर्वशक्तिमान ईश्वर, जो इस ब्रह्मांड को बनाता, संचालित करता और नियंत्रित करता है, इस सिद्धांत का कोई ठोस आधार नहीं है। मैंने अपने इस अविश्वास को खुलकर व्यक्त किया। मैंने अपने दोस्तों के साथ इस विषय पर चर्चा शुरू कर दी। मैं घोषित रूप से नास्तिक बन चुका था। लेकिन इसका असली अर्थ क्या था, इस पर आगे चर्चा होगी।

मई सन् 1927 में, मुझे लाहौर में गिरफ्तार किया गया। यह गिरफ़्तारी मेरे लिए बिल्कुल अप्रत्याशित थी। मुझे जरा भी अंदाज़ा नहीं था कि पुलिस मुझे ढूँढ रही है। अचानक, जब मैं एक बाग से गुजर रहा था, तो खुद को पुलिस से घिरा हुआ पाया। हैरानी की बात यह थी कि उस समय मैं बिल्कुल शांत था। न तो कोई घबराहट महसूस हुई, न ही कोई उत्तेजना। पुलिस ने मुझे हिरासत में ले लिया। अगले दिन, मुझे रेलवे पुलिस लॉकअप में भेजा गया, जहाँ मुझे पूरा एक महीना बिताना पड़ा। कई दिनों तक पुलिस अधिकारियों से हुई बातचीत के बाद, मुझे अंदाज़ा हुआ कि उनके पास मेरे काकोरी दल से जुड़े होने और क्रांतिकारी आंदोलन में मेरी गतिविधियों की कुछ जानकारी थी। उन्होंने मुझसे कहा कि मैं लखनऊ गया था, जब वहाँ काकोरी केस का मुकदमा चल रहा था। उन्होंने यह भी बताया कि मैंने उनके बचाव के लिए किसी योजना पर बातचीत की थी और उनकी स्वीकृति मिलने के बाद, हमने कुछ बम तैयार किए थे। परीक्षण के रूप में, सन् 1926 में दशहरे के मौके पर एक बम भीड़ में फेंका गया था। उन्होंने मुझे और भी जानकारी दी और मेरे हित में बताया कि यदि मैं क्रांतिकारी पार्टी की गतिविधियों पर कोई बयान दे दूँ, तो मुझे जेल नहीं भेजा जाएगा। बल्कि, इसके विपरीत, मुझे रिहा कर दिया जाएगा और ईनाम भी दिया जाएगा, बिना मुझे अदालत में सरकारी गवाह बनाए। मैं इस प्रस्ताव पर हँस पड़ा। यह सब निरर्थक था। हमारे जैसे विचार रखने वाले लोग निर्दोष लोगों पर बम नहीं फेंकते। एक दिन सुबह, श्रीमान न्यूमैन, जो उस समय सीआईडी के वरिष्ठ अधीक्षक थे, मुझसे मिलने आए। उन्होंने मुझसे बहुत हमदर्दी जताई और फिर एक बेहद दुखद समाचार

दिया। उन्होंने कहा कि अगर मैंने उनकी माँग के अनुसार कोई बयान नहीं दिया, तो वे मुझे काकोरी केस में विद्रोह छेड़ने की साजिश और दशहरा बमकांड में निर्दोष लोगों की हत्या के आरोप में मुकदमे के लिए भेजने पर मजबूर हो जाएंगे। और इतना ही नहीं, उन्होंने यह भी बताया कि उनके पास मेरे खिलाफ पर्याप्त सबूत हैं, जिससे मुझे दोषी साबित करके फांसी तक पहुँचाया जा सकता है। उन दिनों, मैं यह मानता था–हालांकि मैं पूरी तरह निर्दोष था–कि अगर पुलिस चाहे तो वह झूठे आरोपों के आधार पर भी मुझे फांसी दिलवा सकती है। उसी दिन से, कुछ पुलिस अधिकारी मुझे समझाने लगे कि मैं नियमित रूप से सुबह–शाम भगवान की पूजा करूँ। अब मैं नास्तिक बन चुका था। मुझे खुद से यह प्रश्न करना था कि क्या मैं सिर्फ शांति और आनंद के दिनों में ही नास्तिक होने का दावा कर सकता हूँ, या फिर ऐसे कठिन समय में भी अपने सिद्धांतों पर अडिग रह सकता हूँ। गहरी सोच–विचार के बाद मैंने फैसला किया कि मैं खुद को ईश्वर में विश्वास करने और उसकी पूजा करने के लिए विवश नहीं कर सकता। नहीं, मैंने कभी ऐसा नहीं किया। यही असली परीक्षा थी, और मैं उसमें सफल रहा। मैंने कभी एक पल के लिए भी यह नहीं चाहा कि अपनी जान बचाने के लिए अपने सिद्धांतों से समझौता करूँ। इसलिए, मैं एक कट्टर नास्तिक बना रहा और तब से आज तक हूँ। यह परीक्षा इतनी आसान नहीं थी। 'आस्था' कठिनाइयों को हल्का बना सकती है, यहाँ तक कि उन्हें सुखद भी कर सकती है। ईश्वर में इंसान को एक गहरी सांत्वना और सहारा मिल जाता है। लेकिन बिना ईश्वर के, इंसान को केवल खुद पर निर्भर रहना पड़ता है। आँधियों और तूफानों के बीच अकेले अपने पैरों पर खड़े रहना कोई बच्चों का खेल नहीं है। ऐसी कठिन परीक्षाओं के समय, यदि किसी के अंदर कोई अहंकार होता है, तो वह पूरी तरह खत्म हो जाता है, और इंसान आम धारणाओं को चुनौती देने की हिम्मत नहीं कर पाता। लेकिन अगर कोई ऐसा करता है, तो यह मान लेना चाहिए कि उसमें सिर्फ अहंकार नहीं, बल्कि कोई अतिरिक्त शक्ति भी है। यही स्थिति अब मेरी है। फैसला तो पहले ही जगजाहिर हो चुका है। एक सप्ताह के भीतर इसे सुनाया जाने वाला है। अब मेरे पास क्या सांत्वना है? सिर्फ यही विचार कि मैं एक उद्देश्य के लिए अपने प्राणों की आहुति

दे रहा हूँ। कोई ईश्वर–विश्वासी हिंदू यह उम्मीद कर सकता है कि अगले जन्म में वह राजा बनकर जन्म लेगा। कोई मुस्लिम या ईसाई यह सपना देख सकता है कि उसे जन्नत में ऐशो–आराम मिलेगा और उसके दुःखों व बलिदानों का ईनाम मिलेगा। लेकिन मैं क्या उम्मीद कर सकता हूँ? मुझे अच्छी तरह पता है कि जिस क्षण मेरे गले में फांसी की रस्सी कसी जाएगी और मेरे पैरों के नीचे से तख्ता हटेगा–वही अंतिम क्षण होगा, वही आखिरी पल होगा। मैं, और अधिक स्पष्ट रूप से कहूँ तो मेरी आत्मा, जैसा कि दार्शनिक भाषा में कहा जाता है, वहीं समाप्त हो जाएगी। आगे कुछ भी नहीं। संघर्ष से भरा एक छोटा–सा जीवन, जिसका कोई भव्य अंत नहीं है, वही स्वयं में ईनाम होगा, अगर मेरे पास इसे उसी रूप में स्वीकार करने का साहस है। बस, इतना ही। न तो किसी स्वार्थी मकसद से, न किसी ईनाम की इच्छा से, न इस जीवन में, न अगले जन्म में, न मरने के बाद स्वर्ग में। मैंने अपना जीवन पूरी निस्वार्थता से स्वतंत्रता के उद्देश्य के लिए समर्पित कर दिया है क्योंकि मैं और कुछ कर ही नहीं सकता था। जिस दिन हमें बड़ी संख्या में ऐसे पुरुष और महिलाएँ मिलेंगी जो केवल मानवता की सेवा और पीड़ितों की मुक्ति को ही अपना उद्देश्य मानेंगे, जो उत्पीड़कों, शोषकों और अत्याचारियों को चुनौती देने के लिए प्रेरित होंगे, लेकिन राजा बनने, किसी ईनाम को पाने, अगले जन्म में कोई सुख पाने, या मरने के बाद स्वर्ग में कोई ईनाम पाने के लिए नहीं, बल्कि मानवता के गले से दासता का जुआ उतार फेंकने और स्वतंत्रता एवं शांति स्थापित करने के लिए जीवन बलिदान करेंगे, उस दिन स्वतंत्रता का युग शुरू होगा। क्या इस महान उद्देश्य के प्रति गर्व को अहंकार कहा जाएगा? कौन है जो इस पवित्र बलिदान को घमंड कहेगा? मैं उससे कहूँगा या तो वह मूर्ख है, या फिर धूर्त। आइए, हम उसे क्षमा कर दें, क्योंकि वह इस हृदय में उमड़ने वाली गहराई, भावना, संवेदना और महान भावनाओं को समझने में असमर्थ है। उसका हृदय सिर्फ माँस का एक निष्प्राण टुकड़ा बन चुका है, उसकी आँखें कमजोर हो गई हैं, क्योंकि दूसरे स्वार्थों की बुराइयों ने उन्हें ढक दिया है। आत्मनिर्भरता को हमेशा अहंकार समझने की भूल की जाती है। यह दुखद और कष्टदायक है, लेकिन इसमें कुछ सहायता नहीं की जा सकती।

तुम जाओ और प्रचलित आस्था का विरोध करो, तुम जाओ और किसी नायक की आलोचना करो, किसी महान व्यक्ति की जिसे आमतौर पर आलोचना से परे माना जाता है, क्योंकि उसे अचूक समझा जाता है। तुम्हारे तर्कों की शक्ति भीड़ को विवश कर देगी कि वे तुम्हें अहंकारी कहेंगे। यह मानसिक जड़ता का परिणाम है। आलोचना और स्वतंत्र विचार ये दो गुण क्रांतिकारी के लिए अनिवार्य हैं। क्योंकि महात्माजी महान हैं, इसलिए कोई उनकी आलोचना नहीं कर सकता।"

क्योंकि वे ऊपर उठ चुके हैं, इसलिए जो कुछ भी वे कहते हैं–चाहे वह राजनीति से जुड़ा हो या धर्म से, अर्थशास्त्र से हो या नैतिकता से–वह सबकुछ सही ही होगा। चाहे तुम सहमत हो या नहीं, तुम्हें बस कहना होगा : 'हाँ, यह सच है।' यह मानसिकता प्रगति की ओर नहीं ले जाती। बल्कि, यह स्पष्ट रूप से प्रतिगामी सोच है।

क्योंकि हमारे पूर्वजों ने एक सर्वोच्च शक्ति (सर्वशक्तिमान ईश्वर) में विश्वास स्थापित किया था, इसलिए जो कोई भी इस आस्था की वैधता को चुनौती देने की हिम्मत करेगा, या उस सर्वोच्च सत्ता के अस्तित्व पर ही प्रश्न उठाएगा, उसे धर्मत्यागी और विश्वासघाती कहा जाएगा। यदि उसके तर्क इतने ठोस हैं कि उनका खंडन करना असंभव हो जाए, और उसकी आत्मा इतनी दृढ़ है कि ईश्वर के क्रोध से आने वाली आपदाओं का भय भी उसे झुका न सके, तो उसे अहंकारी कहकर बदनाम किया जाएगा, और उसकी निर्भीकता को घमंड करार दिया जाएगा। तो फिर इस व्यर्थ की बहस में समय क्यों बर्बाद किया जाए? क्यों इस पूरे विषय पर तर्क–वितर्क किया जाए? यह प्रश्न पहली बार जनता के सामने आ रहा है, और पहली बार इसे इतनी सीधी और स्पष्ट भाषा में प्रस्तुत किया जा रहा है, इसीलिए यह चर्चा इतनी विस्तृत हो गई है।

जहाँ तक पहले प्रश्न का संबंध है, मुझे लगता है कि मैंने स्पष्ट कर दिया है कि मुझे नास्तिकता तक अहंकार ने नहीं पहुँचाया है। मेरा तर्क कितना प्रभावी रहा है या नहीं, इसका निर्णय मैं नहीं, बल्कि मेरे पाठक करेंगे। मैं जानता हूँ कि मौजूदा परिस्थितियों में अगर मेरा ईश्वर में विश्वास होता, तो मेरा जीवन आसान हो जाता, मेरा बोझ हल्का हो जाता, और मेरा अविश्वास इन हालातों को और भी कठोर बना रहा है। थोड़ा–सा रहस्यवाद इसे काव्यात्मक बना सकता था। किंतु मैं अपनी

नियति का सामना करने के लिए किसी नशे या छलावे का सहारा नहीं लेना चाहता। मैं एक यथार्थवादी हूँ। मैंने हमेशा तर्क के सहारे अपने भीतर के स्वाभाविक डर और भावनाओं पर नियंत्रण पाने की कोशिश की है। मैं हर बार इसमें सफल नहीं हो पाया हूँ, लेकिन इंसान का कर्तव्य है प्रयास करना और संघर्ष करना; सफलता संयोग और परिस्थितियों पर निर्भर करती है।

जहाँ तक दूसरे प्रश्न का संबंध है यदि यह अहंकार नहीं था, तो फिर ईश्वर के अस्तित्व में विश्वास न करने का कोई न कोई कारण अवश्य होना चाहिए, हाँ, अब मैं उसी पर आता हूँ। इसका कारण है। मेरे अनुसार, जो भी व्यक्ति तर्क करने की क्षमता रखता है, वह हमेशा अपने परिवेश को तर्क की कसौटी पर परखने की कोशिश करता है। जहाँ सीधे प्रमाण नहीं मिलते, वहाँ दर्शन का महत्त्व बढ़ जाता है। जैसा कि मैंने पहले कहा था, एक क्रांतिकारी मित्र अक्सर कहा करता था कि दर्शन इंसानी कमजोरी का परिणाम है। जब हमारे पूर्वजों के पास इतना समय था कि वे इस दुनिया के रहस्य, उसके अतीत, वर्तमान और भविष्य, उसके कारण और परिणामों को समझने की कोशिश कर सकें, किंतु उनके पास ठोस प्रमाणों की भारी कमी थी, तो हर व्यक्ति ने अपने–अपने तरीके से इस समस्या को हल करने की कोशिश की। यही कारण है कि विभिन्न धार्मिक विश्वासों के मूलभूत सिद्धांतों में हमें भारी भिन्नताएँ मिलती हैं, कभी–कभी ये अंतर एक–दूसरे के बिल्कुल विपरीत और टकराव भरे रूप ले लेते हैं। सिर्फ पूर्वी और पश्चिमी दर्शन ही अलग नहीं हैं, बल्कि प्रत्येक स्कूल में भी विभिन्न विचारधाराओं के बीच मतभेद हैं। पूर्वी धर्मों में ही देखें, तो इस्लाम और हिंदू धर्म पूरी तरह से एक–दूसरे से मेल नहीं खाते। भारत में ही, बौद्ध और जैन धर्म कई मामलों में ब्राह्मणवाद से बिल्कुल अलग हैं, ब्राह्मणवाद में भी आर्य समाज और सनातन धर्म के बीच विरोधाभास मौजूद हैं। इसके अलावा, चार्वाक जैसे प्राचीन विचारक भी थे, जिन्होंने ईश्वर के अधिकार को चुनौती दी थी। उन्होंने प्राचीन समय में ही ईश्वर के अस्तित्व पर प्रश्न उठाए थे; ये सभी मत मूलभूत प्रश्न पर एक–दूसरे से भिन्न हैं, और हर कोई खुद को सही मानता है। यही सबसे बड़ा दुर्भाग्य है। पुराने विद्वानों और विचारकों के प्रयोगों और निष्कर्षों का उपयोग हम

अज्ञानता के खिलाफ अपने भविष्य के संघर्ष की नींव रखने के लिए कर सकते थे। हम इस गूढ़ समस्या का हल खोजने की कोशिश कर सकते थे, लेकिन इसके बजाय, हमने अपनी जड़ता और निष्क्रियता को साबित कर दिया है। हमने अंधविश्वास और अडिग, अचल श्रद्धा का ऐसा शोर मचा दिया है, कि सिर्फ उन्हीं पुराने विचारों को अंतिम सत्य मानकर चलते जा रहे हैं। और इस तरह हम मानव प्रगति को ठहराव की ओर धकेलने के दोषी बन गए हैं।

जो भी व्यक्ति प्रगति की ओर बढ़ना चाहता है, उसे पुरानी मान्यताओं की हर बात की आलोचना करनी होगी, उस पर संदेह करना होगा और उसे चुनौती देनी होगी। एक–एक करके, उसे हर विश्वास की गहराई से जाँच करनी होगी और हर पहलू पर तर्क करना होगा। अगर गहराई से सोचने–समझने के बाद कोई व्यक्ति किसी सिद्धांत या विचारधारा को सही मानता है, तो उसका विश्वास स्वीकार करने योग्य है। हो सकता है कि उसके तर्क में कोई गलती हो, वह गलत दिशा में चला जाए या भटका हुआ हो, लेकिन उसे सुधारा जा सकता है, क्योंकि उसके जीवन का मार्गदर्शन तर्क करता है। लेकिन केवल आस्था, आँख मूंदकर किया गया विश्वास खतरनाक होता है : यह मस्तिष्क को जड़ बना देता है और व्यक्ति को पिछड़े विचारों का समर्थक बना देता है। जो व्यक्ति खुद को यथार्थवादी (वास्तविकता को मानने वाला) कहता है, उसे प्राचीन मान्यताओं को पूरी तरह चुनौती देनी होगी। अगर वे तर्क की कसौटी पर खरी नहीं उतरतीं, तो वे खुद ही बिखर जाती हैं। इस स्थिति में, सबसे पहला काम उन पुरानी मान्यताओं को तोड़कर गिराना और नई विचारधारा के निर्माण के लिए जगह साफ करना होता है। यह नकारात्मक पक्ष है, इसके बाद सकारात्मक कार्य शुरू होता है जिसमें कभी–कभी पुरानी मान्यताओं के कुछ हिस्सों का उपयोग नए विचार को स्थापित करने में किया जा सकता है। जहाँ तक मेरी बात है, तो मैं सबसे पहले यह स्वीकार करता हूँ कि इस विषय पर मुझे बहुत अधिक अध्ययन करने का अवसर नहीं मिला है। मुझे पूर्वी दर्शनशास्त्र (ओरिएंटल फिलॉसफी) का गहरा अध्ययन करने की बहुत इच्छा थी, किंतु मुझे कभी इसका अवसर नहीं मिला। लेकिन जहाँ तक नकारात्मक अध्ययन की बात है, मैं इस हद तक आश्वस्त हूँ कि मैं पुरानी मान्यताओं

की सत्यता पर प्रश्न उठा सकता हूँ। मुझे यह विश्वास हो गया है कि कोई सर्वोच्च चेतन शक्ति (ईश्वर) नहीं है, जो प्रकृति की गतिविधियों को नियंत्रित और संचालित करती हो। हम प्रकृति में विश्वास रखते हैं और संपूर्ण प्रगतिशील आंदोलन का लक्ष्य यह है कि मनुष्य प्रकृति पर अधिकार स्थापित करे और इसे अपनी सेवा में लगाए। इसके पीछे कोई चेतन शक्ति इसे नियंत्रित करने के लिए नहीं है। यही हमारा दर्शन है।

जहाँ तक नकारात्मक पक्ष की बात है, हम 'आस्थावानों' (विश्वास करने वालों) से कुछ प्रश्न पूछते हैं।

(1) यदि, जैसा कि आप मानते हैं, एक सर्वशक्तिमान, सर्वव्यापी, सर्वज्ञ और सर्वसामर्थ्यवान ईश्वर है, जिसने इस संसार या पृथ्वी की रचना की, तो कृपया मुझे यह बताइए कि उसने इसे क्यों बनाया? यह दुनिया दुःखों और तकलीफों से भरी हुई है, जहाँ अनगिनत त्रासदियों का अंतहीन मेल है! यहाँ एक भी व्यक्ति पूरी तरह संतुष्ट नहीं है।

कृपया, यह मत कहिए कि यह उसका नियम (कानून) है! यदि वह किसी नियम से बंधा हुआ है, तो वह सर्वशक्तिमान नहीं हो सकता। फिर तो वह भी हमारी तरह एक असहाय प्राणी हुआ। कृपया यह भी मत कहिए कि यह उसकी खुशी के लिए है! नीरो ने रोम को जलाया था। उसने कुछ ही लोगों को मारा, कुछ ही त्रासदियाँ पैदा कीं, वह सब उसकी खुशी के लिए था। और इतिहास में उसका स्थान क्या है? इतिहासकार उसे किन नामों से पुकारते हैं? उसके लिए घृणा से भरी गालियाँ लिखी गई हैं। इतिहास के पन्ने उसके अत्याचारों की निंदा से भरे पड़े हैं। उस नीरो को क्रूर, निर्दयी और दुष्ट कहा गया। एक चंगेज़ खान ने अपनी खुशी के लिए कुछ हजार लोगों की बलि दे दी, और हम आज भी उसके नाम से घृणा करते हैं। तो फिर, आप अपने सर्वशक्तिमान, शाश्वत नीरो को कैसे सही ठहराएंगे, जो हर दिन, हर घंटे, हर मिनट अनगिनत त्रासदियाँ पैदा कर रहा है? आप कैसे सोच सकते हैं कि आप उसके इन कुकर्मों का समर्थन करेंगे, जो चंगेज़ खान के अत्याचारों से भी हर क्षण बढ़कर हैं? मैं पूछता हूँ, उसने यह दुनिया क्यों बनाई–एक वास्तविक नरक, जहाँ निरंतर दुःख और अशांति बनी रहती है? जब उसके पास यह शक्ति थी कि वह इस संसार को न बनाए, तो फिर उसने मनुष्य को क्यों बनाया? इन सबका क्या औचित्य

है? क्या आप कहेंगे कि निर्दोष, पीड़ितों को अगले जन्म में ईनाम देने और अपराधियों को दंडित करने के लिए हैं?

अच्छा, ठीक! तो बताइए, आप किस हद तक उस व्यक्ति को सही ठहराएंगे, जो पहले आपके शरीर पर गहरे घाव कर दे और फिर उन पर कोई हल्की, आरामदायक मरहम लगा दे? क्या आप उसे न्यायोचित कहेंगे? ठीक वैसे ही, जिन लोगों ने ग्लैडिएटर प्रथा को संगठित किया था क्या वे सही थे, जब वे भूखे, हिंसक शेरों के सामने निर्दोष इंसानों को फेंक देते थे, इस वादे के साथ कि अगर वे किसी तरह बच गए तो उनकी अच्छी देखभाल की जाएगी? इसीलिए मैं पूछता हूँ . अगर कोई सचेत, सर्वशक्तिमान सत्ता (ईश्वर) है, तो उसने इस संसार और इंसान को क्यों बनाया? क्या यह सब उसकी खुशी के लिए है? अगर ऐसा है, तो फिर उसमें और नीरो में क्या फर्क रह जाता है?

तुम मुसलमानों और ईसाइयों पर हिंदू दर्शनशास्त्र अब भी एक और तर्क देने की कोशिश करेगा। लेकिन मैं तुमसे पूछता हूँ, ऊपर उठाए गए प्रश्नों का तुम्हारे पास क्या उत्तर है? तुम लोग पुनर्जन्म में विश्वास नहीं रखते। हिंदुओं की तरह तुम यह तर्क भी नहीं दे सकते कि जो निर्दोष लोग दुःख झेल रहे हैं, वे अपने पिछले जन्म के कर्मों का फल भोग रहे हैं। मैं तुमसे पूछता हूँ, सर्वशक्तिमान ईश्वर ने छह दिनों तक मेहनत करके केवल शब्दों के माध्यम से इस दुनिया को क्यों बनाया और हर दिन यह क्यों कहा कि सब ठीक है? आज उसे बुलाओ! उसे बीता इतिहास दिखाओ! उसे वर्तमान स्थिति का अध्ययन करने दो! देखते हैं, क्या वह आज भी कह सकता है, 'सब ठीक है'?

कालकोठरियों के अंधेरे से, भूख से तड़पकर मरते लाखों–करोड़ों लोगों की झोपड़ियों और मलिन बस्तियों से, शोषित मजदूरों से, जो धैर्यपूर्वक, या कहें, निर्जीव भाव से यह देख रहे हैं कि पूँजीपतियों के खूनी पंजे उनके खून को चूस रहे हैं, मानव श्रम की बर्बादी से, जिसे देखकर मामूली समझ रखने वाला भी सिहर उठे, और इस दुनिया में, जहाँ जरूरतमंद लोगों को देने की बजाय अतिरिक्त उत्पादन को समुद्र में फेंक दिया जाता है, जहाँ राजमहल इंसानों की हड्डियों की नींव पर खड़े होते हैं, उसे यह सब देखने दो! और फिर कहने दो–'सब ठीक है।' क्यों? और किसलिए? यही मेरा प्रश्न है। तुम चुप हो। ठीक है, तो मैं आगे बढ़ता हूँ।

अच्छा, तुम हिंदू लोग! तुम कहते हो कि आज जो लोग दुःख झेल रहे हैं, वे अपने पिछले जन्म के पापों का फल भोग रहे हैं। ठीक है। तुम यह भी कहते हो कि जो लोग आज अत्याचारी हैं, वे अपने पिछले जन्म में पुण्य आत्माएँ थीं, इसलिए आज वे सत्ता का आनंद ले रहे हैं। ठीक है, मैं मान लेता हूँ कि तुम्हारे पूर्वज बहुत चतुर थे; उन्होंने ऐसे सिद्धांत तैयार किए कि जो तर्क और अविश्वास को दबाने के लिए बहुत मज़बूत थे। लेकिन अब आइए इसे तर्क की कसौटी पर परखें और देखें कि यह तर्क कितना सही ठहरता है।

कानून के सबसे प्रसिद्ध विशेषज्ञों के दृष्टिकोण से देखें तो, किसी भी सजा को उचित ठहराने के लिए तीन या चार कारण होते हैं, जिनके आधार पर किसी अपराधी को दंड दिया जाता है। ये कारण प्रतिशोध, और सुधारात्मक और निवारक हैं। आज के प्रगतिशील विचारक प्रतिशोध के सिद्धांत को पूरी तरह नकार चुके हैं। निवारक सिद्धांत भी धीरे–धीरे खत्म हो रहा है। सुधारात्मक सिद्धांत ही एकमात्र सही तरीका है, जो मानव समाज की प्रगति के लिए अनिवार्य और आवश्यक है। इसका उद्देश्य यह होता है कि अपराधी को एक अच्छा, शांतिप्रिय और ज़िम्मेदार नागरिक बनाकर समाज में वापस लाया जाए। लेकिन अब प्रश्न यह है कि भगवान द्वारा दी गई सजा का स्वभाव कैसा है, भले ही हम मान लें कि इंसान सच में अपराधी है? तुम कहते हो कि वह उसे गाय, बिल्ली, पेड़, घास या जानवर बनाकर जन्म देता है। तुम कहते हो कि ये सजाएँ 84 लाख योनियों की होती हैं। मैं तुमसे पूछता हूँ : इसका इंसान पर सुधारात्मक असर क्या पड़ता है? अब तक तुमने कितने ऐसे इंसानों से मुलाकात की, जिन्होंने कहा हो कि मैं पिछले जन्म में गधा था, क्योंकि मैंने कोई पाप किया था? कोई भी नहीं। अपने *पुराणों* का हवाला मत दो। मेरे पास तुम्हारी पौराणिक कथाओं को छूने का भी समय नहीं है। इसके अलावा, क्या तुम्हें पता है कि इस दुनिया में सबसे बड़ा पाप क्या है? गरीबी, हाँ, गरीबी एक पाप है, यह एक सजा है। मैं तुमसे पूछता हूँ क्या तुम ऐसे अपराध विशेषज्ञ, न्यायविद या कानून बनाने वाले लेजिस्लेटर की प्रशंसा करोगे, जो ऐसी सजा का प्रस्ताव रखे, जिससे लोग और अधिक अपराध करने के लिए मजबूर हो जाएँ? क्या तुम्हारे भगवान ने इस बारे में कभी सोचा था?

या फिर उसे भी ये सब अनुभव से सीखना पड़ा, किंतु इसकी कीमत इंसान को असीमित दुःख सहकर चुकानी पड़ी? तुम्हारे हिसाब से उस व्यक्ति का क्या भाग्य होगा, जो किसी गरीब और अनपढ़ परिवार में पैदा हुआ हो, जैसे कि एक *चमार* या एक सफाई कर्मचारी के घर? वह गरीब है, इसलिए, पढ़ाई नहीं कर सकता। उसे उसके ही जैसे इंसान घृणा की दृष्टि से देखते हैं, उससे दूर रखते हैं, क्योंकि वे, खुद को, उससे ऊँची जाति में जन्मा मानते हैं। उसे नज़रअंदाज़ करते हैं उसकी गरीबी, उसकी अज्ञानता और समाज से मिले अपमानजनक व्यवहार का क्या असर होगा? उसका दिल समाज के प्रति कठोर हो जाएगा। अब मान लेते हैं कि वह कोई अपराध कर बैठता है, तो उसका असली ज़िम्मेदार कौन होगा? भगवान, वह व्यक्ति खुद या फिर समाज के पढ़े-लिखे और समझदार लोग? अब बताओ, उन लोगों को सजा कौन देगा, जिन्हें जानबूझकर अंजान रखा गया, वे लोग, जिन्हें घमंडी और अहंकारी ब्राह्मणों ने शिक्षा से वंचित कर दिया, जो वेदों की कुछ पंक्तियाँ सुन लेने पर पिघला हुआ काँच अपने कानों में डलवाने की सजा भुगतते थे—उनका अपराध क्या था? यदि वे किसी अपराध के लिए दोषी थे—तो वास्तविक जिम्मेदारी किसकी थी? उनका अपराध क्या उनका अपना था? मेरे प्रिय मित्रों! ये सारे सिद्धांत उन विशेषाधिकार प्राप्त लोगों की देन हैं! जो समाज में अपनी लूटी हुई सत्ता, धन और श्रेष्ठता को सही ठहराने के लिए इन्हें गढ़ते हैं। हाँ! शायद अप्टन सिंक्लेयर ने कहीं लिखा था—बस एक आदमी को अमरता (पुनर्जन्म) पर विश्वास दिला दो, फिर उसके सारे धन और संपत्ति छीन लो। वह बिना किसी शिकायत के, खुशी-खुशी तुम्हारी मदद करेगा। धार्मिक प्रचारकों और सत्ताधारियों की मिलीभगत ने इस दुनिया को जेल, फाँसी के तख्ते, कोड़ों और इन झूठी मान्यताओं से भर दिया।

मैं पूछता हूँ तुम्हारा सर्वशक्तिमान भगवान किसी भी इंसान को अपराध या पाप करते समय रोकता क्यों नहीं? वह आसानी से ऐसा कर सकता है, तो फिर क्यों नहीं करता, जब दुनिया में युद्ध भड़काने वाले क्रूर तानाशाह युद्ध की आग में लाखों लोगों को झोंक रहे थे, तो उसने उन्हें रोककर यह भयानक तबाही क्यों नहीं टाली? अगर वह सच में सर्वशक्तिमान है, तो उसने ब्रिटिश लोगों के मन में भारत को आज़ाद

करने का विचार क्यों नहीं डाल दिया? अगर वह सच में दयालु है, तो वह पूँजीपतियों के दिलों में यह भावना क्यों नहीं भरता कि वे निजी संपत्ति और उत्पादन के साधनों पर अपने स्वामित्व का अधिकार छोड़ दें, ताकि पूरा श्रमिक वर्ग, नहीं, बल्कि पूरा मानव समाज–पूँजीवाद की गुलामी से मुक्त हो सके? तुम समाजवादी विचारधारा की व्यावहारिकता पर प्रश्न उठाते हो; ठीक है, तो मैं इसे तुम्हारे सर्वशक्तिमान भगवान पर छोड़ता हूँ कि वह इसे लागू करके दिखाए।

लोग समाजवाद के फायदे तो मानते हैं, क्योंकि यह सभी के भले (सामूहिक कल्याण) की बात करता है। लेकिन वे इसे अव्यावहारिक बताकर इसका विरोध करते हैं। तो ठीक है, सर्वशक्तिमान ईश्वर खुद आगे आए और सबकुछ सही तरीके से व्यवस्थित कर दे। अब गोलमोल तर्क मत दो, वे यहाँ किसी काम के नहीं हैं। सुनो, मैं साफ–साफ कहता हूँ, ब्रिटिश शासन यहाँ इसलिए नहीं है क्योंकि भगवान ऐसा चाहता है, बल्कि इसलिए है क्योंकि उनके पास शक्ति है और हम उनका विरोध करने की हिम्मत नहीं जुटा पाते। वे हमें भगवान की मदद से नहीं, बल्कि बंदूक और रायफलों, बम और गोलियों, पुलिस और सेना, और सबसे बढ़कर हमारी उदासीनता (निकम्मेपन) की वजह से दबाए हुए हैं। यही कारण है कि वे एक राष्ट्र द्वारा दूसरे राष्ट्र का सबसे भयानक शोषण कर रहे हैं–जो समाज के खिलाफ सबसे बड़ा अपराध है। अब बताओ, भगवान कहाँ है? वह क्या कर रहा है? क्या वह इंसानों के इन दुःखों का आनंद ले रहा है? अगर ऐसा है, तो वह भी नीरो और चंगेज़ खान जैसा ही क्रूर है! ऐसे भगवान का नाश हो!

तुम मुझसे पूछते हो कि मैं इस दुनिया और इंसान की उत्पत्ति को कैसे समझाता हूँ? ठीक है, मैं तुम्हें बताता हूँ। चार्ल्स डार्विन ने इस विषय पर कुछ प्रकाश डालने की कोशिश की है। उसे पढ़ो। सोहम स्वामी की किताब *कॉमन सेंस* पढ़ो। यह तुम्हारे कुछ सवालों के जवाब दे सकती है। यह सब प्रकृति की एक प्रक्रिया है। अलग–अलग तत्त्वों के संयोग से बने एक विशाल गैसीय पिंड (नेबुला) से यह पृथ्वी बनी। कब? इसका उत्तर इतिहास में देखो। इसी प्रक्रिया से जानवरों का जन्म हुआ, और धीरे–धीरे, इंसान विकसित हुआ। डार्विन की *ऑरिजिन ऑफ़ स्पीसीज़* पढ़ो। और जो भी प्रगति हुई है, वह इंसान के लगातार प्रकृति

से संघर्ष करने और उस पर विजय पाने के प्रयासों की वजह से हुई है। यही इस पूरी प्रक्रिया का सबसे संक्षिप्त और सरल उत्तर है।

तुम्हारा एक और तर्क हो सकता है कि अगर पूर्व जन्म के कर्मों का कोई प्रभाव नहीं होता, तो फिर कोई बच्चा अंधा या अपंग क्यों जन्म लेता है? इस प्रश्न का जवाब जीवविज्ञान पहले ही दे चुका है। वैज्ञानिकों के अनुसार, यह एक जैविक प्रक्रिया मात्र है। इसके लिए पूरी ज़िम्मेदारी माता–पिता पर आती है, चाहे वे इस बारे में जागरूक हों या न हों, चाहे वे जानबूझकर किसी गलती के कारण या अनजाने में ऐसा कर बैठे हों, उनके ही कार्यों, आदतों या जैविक कारणों की वजह से बच्चे में जन्म से कोई दोष आ सका।

स्वाभाविक रूप से, तुम एक और सवाल पूछ सकते हो–हालाँकि यह काफी बचकाना है। अगर कोई भगवान नहीं है, तो फिर लोग उसमें विश्वास कैसे करने लगे? इसका जवाब सीधा और सरल है। जिस तरह लोग भूत–प्रेत और बुरी आत्माओं पर विश्वास करने लगे; बस फर्क इतना है कि भगवान पर विश्वास लगभग पूरी दुनिया में फैला हुआ है, और इसका दर्शन अधिक विकसित है। कुछ क्रांतिकारी विचारकों की तरह मैं यह नहीं कहूँगा कि भगवान की अवधारणा सिर्फ चालाक शासकों और शोषकों की बनाई हुई है, ताकि वे लोगों को अपने अधीन बनाए रख सकें। हाँ, मैं इस बुनियादी तथ्य से ज़रूर सहमत हूँ कि सभी धर्म, आस्थाएँ और मान्यताएँ धीरे–धीरे अत्याचारी और शोषक व्यवस्थाओं, व्यक्तियों और वर्गों का समर्थन करने वाली संस्थाएँ बन गईं। हर धर्म के अनुसार, राजा के खिलाफ विद्रोह हमेशा पाप माना गया है।

जहाँ तक भगवान के जन्म (उत्पत्ति) की बात है, मेरी अपनी सोच यह है इंसान ने अपनी सीमाएँ, कमजोरियाँ और कमजोर पहलू महसूस किए, तो उसने भगवान की कल्पना की ताकि इंसान कठिन परिस्थितियों का हिम्मत से सामना कर सके। ताकि वह खतरों से निडर होकर लड़े। और ताकि संपत्ति और ऐश्वर्य मिलने पर वह अहंकारी न बने, खुद पर नियंत्रण रखे। भगवान को दो रूपों में गढ़ा गया, कठोर न्यायाधीश, जो अपने नियमों और सख्त सजा से डराता है, ताकि इंसान समाज के लिए खतरा न बने। दयालु माता–पिता, भाई, और बहन जो प्यार करने वाला, मदद करने वाला और सच्चा सहारा देने वाला हो, ताकि जब इंसान

दुःख में हो, अकेला और धोखा खाया हुआ महसूस करे, तो उसे दिलासा मिले कि कोई है जो उसे बचाएगा, मदद करेगा और वह सर्वशक्तिमान है। यह विचार वास्तव में आदिम युग (प्राचीन समाज) के लिए उपयोगी था। आज भी, जब इंसान दुःखी होता है, तो भगवान का विचार उसे सांत्वना (सुकून) देता है।

समाज को इस विश्वास के खिलाफ भी उसी तरह लड़ना होगा, जैसे मूर्तिपूजा और धर्म की संकीर्ण अवधारणा के खिलाफ लड़ा गया था। इसी तरह, जब मनुष्य अपने पैरों पर खड़ा होने और यथार्थवादी बनने की कोशिश करेगा, तो उसे भी विश्वास को छोड़कर साहस के साथ उन सभी कष्टों और कठिनाइयों का सामना करना होगा, जो परिस्थितियाँ उसके सामने ला सकती हैं। यही मेरी स्थिति भी है। यह मेरा अहंकार नहीं है, मेरे मित्रों। बल्कि मेरा सोचने का तरीका ही है, जिसने मुझे नास्तिक बना दिया है। मुझे नहीं पता कि मेरे मामले में भगवान में विश्वास करना और रोज़ाना प्रार्थना करना, जिसे मैं मनुष्य का सबसे स्वार्थी और निम्न कार्य मानता हूँ, ये प्रार्थनाएँ मेरी मदद कर सकती हैं या मेरी स्थिति को और भी खराब बना देंगी। मैंने पढ़ा है कि नास्तिक सभी मुश्किलों का डटकर सामना करते हैं, इसलिए मैं भी अंतिम समय तक, यहाँ तक कि फाँसी के तख्ते पर भी, सिर ऊँचा करके खड़े रहने की कोशिश कर रहा हूँ।

आइए देखें, मैं इसे कैसे निभाता हूँ। एक मित्र ने मुझसे प्रार्थना करने के लिए कहा। जब उसे मेरे नास्तिक होने की जानकारी मिली, तो उसने कहा, 'अपने आखिरी दिनों में तुम विश्वास करने लगोगे!' मैंने उत्तर दिया, 'नहीं, प्रिय महोदय, ऐसा नहीं होगा। मैं इसे अपने पतन और नैतिक गिरावट का कार्य मानूँगा। स्वार्थी कारणों से मैं प्रार्थना नहीं करने वाला।' पाठकों और मित्रों, क्या यह अहंकार है? यदि हाँ, तो मैं इसे स्वीकार करता हूँ।

बटुकेश्वर दत्त को पत्र

(नवंबर, सन् 1930)

(यह पत्र यह संकेत करता है कि भगत सिंह उन साथियों से क्या अपेक्षा रखते थे, जो फाँसी की सजा से बच जाएँगे।)

सेंट्रल जेल,

प्रिय भाई,

फैसला सुना दिया गया है। मुझे मृत्यु की सजा दी गई है। इन कोठरियों में, मेरे अलावा, कई अन्य कैदी भी हैं, जो फाँसी का इंतज़ार कर रहे हैं। इन लोगों की एकमात्र प्रार्थना यही है कि किसी न किसी तरह वे फाँसी के फंदे से बच जाएँ। शायद मैं ही यहाँ अकेला व्यक्ति हूँ जो बेसब्री से उस दिन का इंतज़ार कर रहा है, जब मैं अपने आदर्श के लिए सौभाग्य से फाँसी के तख्ते को गले लगा सकूँगा।

मैं खुशी–खुशी फाँसी के तख्ते पर चढ़ूँगा और दुनिया को दिखा दूँगा कि क्रांतिकारी अपने उद्देश्य के लिए कितनी बहादुरी से अपना बलिदान दे सकते हैं।

मुझे मृत्यु की सजा सुनाई गई है, लेकिन तुम्हें आजीवन कारावास दिया गया है। तुम जीवित रहोगे, और जीवित रहते हुए तुम्हें दुनिया को यह दिखाना होगा कि क्रांतिकारी केवल अपने आदर्शों के लिए मरते ही नहीं, बल्कि हर कठिनाई का डटकर सामना भी कर सकते हैं। मृत्यु

दुनिया की मुश्किलों से बचने का कोई रास्ता नहीं होनी चाहिए। वे क्रांतिकारी, जो संयोग से फाँसी से बच गए, उन्हें भी अपने आदर्श के लिए अंधेरी, गंदी जेल की कोठरियों में सबसे भयानक यातनाएँ सहनी पड़ती हैं।

सादर
भगत सिंह

युवा राजनीतिक कार्यकर्ता

(यह दस्तावेज 2 फरवरी, सन् 1931 को लिखा गया था और यह भारत के युवा राजनीतिक कार्यकर्ताओं के लिए एक प्रकार की अंतिम इच्छा के रूप में है। उस समय, कांग्रेस और ब्रिटिश सरकार के बीच किसी प्रकार के समझौते की चर्चा जोरों पर थी। इस दस्तावेज के माध्यम से, भगत सिंह ने यह स्पष्ट किया कि कब समझौता स्वीकार्य होता है और कब नहीं। उन्होंने यह भी बताया कि कांग्रेस जिस तरीके से आंदोलन चला रही थी, वह अंततः किसी न किसी समझौते पर ही समाप्त होगा। तत्कालीन परिस्थितियों का विश्लेषण करने के बाद, उन्होंने अंत में युवाओं को मार्क्सवाद को अपनाने, जनता के बीच काम करने, मजदूरों और किसानों को संगठित करने और कम्युनिस्ट पार्टी बनाने की सलाह दी।

भगत सिंह की फाँसी के बाद, इस दस्तावेज को विकृत रूप में प्रकाशित किया गया। इसमें से सोवियत संघ, मार्क्स, लेनिन और कम्युनिस्ट पार्टी से जुड़े सभी संदर्भों को सावधानीपूर्वक हटा दिया गया। बाद में, भारत सरकार ने इसे 1936 में अपनी एक गुप्त रिपोर्ट में प्रकाशित किया। इस पूरी रिपोर्ट की एक फोटोस्टेट प्रति लखनऊ के शहीद स्मारक और स्वतंत्रता संग्राम शोध केंद्र की लाइब्रेरी में संरक्षित है।)

प्रिय साथियों,

हमारा आंदोलन इस समय एक बहुत ही महत्वपूर्ण दौर से गुजर रहा है। एक साल के कड़े संघर्ष के बाद, संवैधानिक सुधारों से संबंधित कुछ ठोस प्रस्ताव गोलमेज सम्मेलन द्वारा तैयार किए गए हैं और कांग्रेस नेताओं को इन्हें स्वीकार या अस्वीकार करने के लिए आमंत्रित किया गया है। वर्तमान परिस्थितियों में, वे अपने आंदोलन को वापस लेना उचित समझते हैं या नहीं यह हमारे लिए अधिक महत्वपूर्ण नहीं है। वर्तमान आंदोलन किसी न किसी प्रकार के समझौते पर समाप्त होने ही वाला है। यह समझौता जल्द हो सकता है या देर से, लेकिन यह अनिवार्य है। समझौता उतना तुच्छ या निंदनीय नहीं है, जैसा कि आमतौर पर हम सोचते हैं। वास्तव में, यह राजनीतिक रणनीति का एक अनिवार्य तत्त्व है। कोई भी राष्ट्र जब अत्याचारियों के विरुद्ध खड़ा होता है, तो शुरुआत में उसे असफलता का सामना करना पड़ता है। संघर्ष के अंतिम समय में, उसे समझौतों के माध्यम से आंशिक सुधार प्राप्त करने पड़ते हैं। और केवल अंतिम चरण में–जब वह पूरी तरह से संगठित होकर अपनी सारी शक्तियों और संसाधनों को एकत्र कर लेता है–तब वह निर्णायक प्रहार कर सकता है, जिससे शासकों की सत्ता को उखाड़ फेंकने में सफलता मिल सकती है। लेकिन तब भी, असफलता की संभावना बनी रहती है, जो किसी न किसी प्रकार के समझौते को अपरिहार्य बना देती है। इसका सबसे अच्छा उदाहरण रूस की क्रांति से लिया जा सकता है।

सन् 1905 में रूस में एक क्रांतिकारी आंदोलन शुरू हुआ। सभी नेता बहुत आशान्वित थे। लेनिन विदेश में शरण लेने के बाद रूस लौट आए थे और संघर्ष का नेतृत्व कर रहे थे। कुछ लोग उनके पास आए और बताया कि दर्जनभर ज़मींदार मारे जा चुके हैं और उनके कई महल जला दिए गए हैं। इस पर लेनिन ने जवाब दिया कि वापस जाओ और बारह सौ ज़मींदारों को मारो और उतने ही महल जलाओ। उनके अनुसार, अगर क्रांति असफल होती, तो यह कुछ मायने रखता। इसके बाद ड्यूमा की स्थापना हुई। यही लेनिन, जिसने पहले हिंसक क्रांति की बात की थी, बाद में ड्यूमा में भाग लेने के पक्ष में हो गए। सन् 1907 में यही हुआ। सन् 1906 में वे पहले ड्यूमा में भाग लेने के विरोध में थे,

क्योंकि यह दूसरी ड्यूमा से अधिक अधिकार दे रही थी। लेकिन बाद में परिस्थितियाँ बदल गईं। प्रतिक्रियात्मक शक्तियाँ मज़बूत हो रही थीं और लेनिन ने ड्यूमा को समाजवादी विचारों पर चर्चा करने के लिए एक मंच के रूप में उपयोग करना चाहा।

सन् 1917 की क्रांति के बाद, जब बोल्शेविकों को ब्रेस्ट–लितोव्स्क संधि पर हस्ताक्षर करने के लिए विवश किया गया, तो लेनिन को छोड़कर सभी इसके विरोध में थे। लेकिन लेनिन ने कहा : 'शांति।' 'शांति और फिर शांति : किसी भी कीमत पर शांति–यहाँ तक कि रूसी प्रांतों को जर्मन युद्ध सरदारों को सौंपने की कीमत पर भी।' जब कुछ विरोधी–बोल्शेविक लोगों ने इस संधि के लिए लेनिन की आलोचना की, तो उन्होंने स्पष्ट रूप से कहा कि बोल्शेविक जर्मन हमले का सामना करने की स्थिति में नहीं थे, और उन्होंने संधि को बोल्शेविक सरकार के पूरी तरह विनाश से बेहतर समझा।

जिस मुद्दे की ओर मैं ध्यान दिलाना चाहता हूँ, वह यह है कि समझौता एक महत्वपूर्ण हथियार है, जिसका उपयोग समय–समय पर संघर्ष की परिस्थितियों के अनुसार किया जाना चाहिए। लेकिन जो चीज हमें हमेशा अपने सामने रखनी चाहिए, वह है आंदोलन का उद्देश्य। हमें हमेशा अपने लक्ष्य को स्पष्ट रूप से समझना होगा, जिसके लिए हम लड़ रहे हैं। यही हमें यह परखने में मदद करता है कि हमारा आंदोलन कितना सफल या असफल रहा, और इससे हम भविष्य की रणनीति तय कर सकते हैं। तिलक की नीति, उनके आदर्श से अलग, उनकी रणनीति के रूप में सबसे बेहतर थी। उन्होंने कहा था तुम अपने शत्रु से सोलह आना हासिल करने के लिए लड़ रहे हो, लेकिन तुम्हें सिर्फ एक आना मिलता है, तो उसे रख लो और बाकी के लिए संघर्ष जारी रखो। मध्यमार्गियों की समस्या यह थी कि वे शुरू से ही सिर्फ एक आना प्राप्त करने के लिए लड़ते थे और जब वे उसे भी नहीं प्राप्त कर पाते, तो उनका संघर्ष कमजोर पड़ जाता था। क्रांतिकारियों को हमेशा यह ध्यान रखना चाहिए कि वे पूर्ण क्रांति के लिए प्रयासरत हैं। संपूर्ण सत्ता पर पूर्ण नियंत्रण क्रांतिकारियों के हाथ में होना चाहिए। समझौतों से अक्सर डर इसलिए लगता है क्योंकि रूढ़िवादी शक्तियाँ समझौते के बाद क्रांतिकारी ताकतों को तोड़ने की कोशिश करती हैं। ऐसे खतरों से

बचने के लिए हमें बेहद सतर्क रहना होगा, ताकि किसी भी प्रकार के वास्तविक मुद्दों और विशेष रूप से अपने लक्ष्य को लेकर भ्रम न पैदा हो। ब्रिटिश लेबर पार्टी के नेताओं ने अपने वास्तविक संघर्ष से विश्वासघात किया और वे मात्र दिखावटी साम्राज्यवादी बनकर रह गए। मेरी राय में, कट्टर रूढ़िवादी इन चालाक साम्राज्यवादी लेबर नेताओं से कहीं बेहतर हैं, क्योंकि कम से कम वे अपने विचारों में स्पष्ट हैं। रणनीति और नीति को समझने के लिए लेनिन के जीवन और कार्यों का अध्ययन करना चाहिए। समझौते पर लेनिन के स्पष्ट विचार 'लेफ़्ट विंग कम्युनिज़्म' नामक पुस्तक में मिलेंगे।

मैं पहले ही कह चुका हूँ कि वर्तमान संघर्ष का अंत किसी न किसी प्रकार के समझौते या पूरी तरह विफलता में होने ही वाला है।

मैंने यह इसलिए कहा, क्योंकि मेरी राय में इस बार वास्तविक क्रांतिकारी शक्तियों को संघर्ष में शामिल ही नहीं किया गया है। यह आंदोलन मध्यम वर्गीय दुकानदारों और कुछ पूँजीपतियों पर निर्भर है। लेकिन ये दोनों वर्ग, विशेष रूप से पूँजीपति, कभी भी अपने धन–संपत्ति को किसी संघर्ष में जोखिम में डालने की हिम्मत नहीं कर सकते। सच्ची क्रांतिकारी सेनाएँ गाँवों और कारखानों में हैं, किसान और मजदूर। लेकिन हमारे बुर्जुआ नेता इनसे न तो संपर्क करते हैं और न ही करने की हिम्मत रखते हैं। एक बार यदि यह सोया हुआ शेर जाग गया, तो यह केवल हमारे नेताओं के लक्ष्य तक सीमित नहीं रहेगा, बल्कि उसे रोक पाना असंभव हो जाएगा। सन् 1920 में अहमदाबाद के मजदूरों के साथ हुए अपने पहले अनुभव के बाद, महात्मा गाँधी ने कहा था : 'हमें मज़दूरों से छेड़छाड़ नहीं करनी चाहिए। फैक्ट्री के श्रमिक वर्ग का राजनीतिक उपयोग करना खतरनाक है।' (द *टाइम्स*, मई सन् 1921) उसके बाद से, उन्होंने कभी भी मज़दूरों से संपर्क करने का साहस नहीं किया। अब केवल किसान वर्ग बचा है। सन् 1922 में बारडोली प्रस्ताव में स्पष्ट रूप से यह झलकता है कि जब नेताओं ने किसानों को सिर्फ विदेशी हुकूमत ही नहीं, बल्कि ज़मींदारों के शोषण के खिलाफ भी उठते हुए देखा, तो उन्हें भय लगने लगा।

हमारे नेता किसानों से लड़ने की बजाय अंग्रेजों के सामने आत्मसमर्पण करना ज्यादा पसंद करते हैं। पंडित जवाहरलाल नेहरू को

छोड़ दें, तो क्या आप किसी और नेता का कोई प्रयास बता सकते हैं, जिसने किसानों या मज़दूरों को संगठित करने की कोशिश की हो? नहीं, वे ऐसा जोखिम कभी नहीं उठाएंगे। यही उनकी कमजोरी है। इसीलिए मैं कहता हूँ कि उन्होंने कभी भी पूर्ण क्रांति का उद्देश्य नहीं रखा। वे केवल आर्थिक और प्रशासनिक दबाव डालकर भारतीय पूँजीपतियों के लिए कुछ सुधारों और रियायतों की उम्मीद कर रहे थे। यही कारण है कि यह आंदोलन अंततः समाप्त हो जाएगा, चाहे किसी प्रकार के समझौते के बाद या बिना किसी समझौते के ही। युवा कार्यकर्ता, जो पूरी ईमानदारी से 'इंकलाब ज़िंदाबाद' का नारा लगाते हैं, अभी इतनी अच्छी तरह संगठित और मज़बूत नहीं हैं कि वे इस आंदोलन को अकेले आगे ले जा सकें। असल में, हमारे बड़े नेता, शायद पंडित मोतीलाल नेहरू को छोड़कर, कोई भी इतना साहसी नहीं है कि पूरी ज़िम्मेदारी अपने कंधों पर ले सके; इसी वजह से वे बार–बार बिना शर्त गाँधीजी के सामने आत्मसमर्पण कर देते हैं। अपने मतभेदों के बावजूद, वे कभी भी गाँधीजी का गंभीर विरोध नहीं करते, और सभी प्रस्ताव महात्मा के समर्थन में ही पारित किए जाते हैं।

इन परिस्थितियों में, मैं उन ईमानदार युवा कार्यकर्ताओं को चेतावनी देना चाहता हूँ, जो वास्तव में क्रांति चाहते हैं, कि आने वाले समय में और भी कठिन दौर आने वाला है। उन्हें सतर्क रहना चाहिए ताकि वे किसी भी प्रकार के भ्रम या हताशा का शिकार न हो जाएँ। गाँधीजी के नेतृत्व में हुए दो बड़े संघर्षों के अनुभवों के बाद, अब हम अपनी वर्तमान स्थिति और भविष्य की योजना को अधिक स्पष्ट रूप से समझने की स्थिति में हैं।

अब मुझे यह बात सबसे सरल रूप में रखने दें। आप 'इंकलाब ज़िंदाबाद' का नारा लगाते हैं। मान लेते हैं कि आप वास्तव में इसका अर्थ समझते हैं और इसे गंभीरता से लेते हैं। हमारी परिभाषा के अनुसार, जैसा कि असेंबली बम कांड में हमारे बयान में स्पष्ट किया गया था, क्रांति का अर्थ मौजूदा सामाजिक व्यवस्था को पूरी तरह उखाड़ फेंकना और उसकी जगह समाजवादी व्यवस्था स्थापित करना है। इसके लिए हमारा तात्कालिक लक्ष्य सत्ता प्राप्त करना है। असल में, राज्य और सरकारी मशीनरी केवल शासक वर्ग के हाथों में एक हथियार है, जिसका

उपयोग वे अपने हितों की रक्षा और विस्तार के लिए करते हैं। हमारा उद्देश्य इस हथियार को छीनना और उसे अपने आदर्श यानी समाज के पुनर्निर्माण को एक नई, यानी मार्क्सवादी, आधारशिला पर रखने के लिए उपयोग करना है। इसी उद्देश्य से, हम सरकारी मशीनरी पर नियंत्रण पाने के लिए संघर्ष कर रहे हैं। इसके साथ ही, हमें जनता को शिक्षित करना होगा और अपने समाजवादी कार्यक्रम के लिए अनुकूल वातावरण तैयार करना होगा। संघर्ष के दौरान ही हम जनता को सबसे बेहतर तरीके से प्रशिक्षित और शिक्षित कर सकते हैं।

अब जब हमारे सामने ये बातें स्पष्ट हैं, अर्थात् हमारा तात्कालिक और अंतिम लक्ष्य स्पष्ट रूप से निर्धारित है, तो अब हम वर्तमान स्थिति का विश्लेषण कर सकते हैं। हमें हमेशा निष्पक्ष, स्पष्ट और व्यावहारिक दृष्टिकोण अपनाते हुए किसी भी परिस्थिति का मूल्यांकन करना चाहिए। हम जानते हैं कि जब भारतीयों को सरकार में भागीदारी और ज़िम्मेदारी देने को लेकर काफी हंगामा हुआ, तब मिंटो–मॉर्ले सुधार (1909) लागू किए गए, जिनके तहत वायसराय की परिषद को केवल परामर्श देने का अधिकार दिया गया। इसके बाद, महान युद्ध (प्रथम विश्व युद्ध) के दौरान, जब ब्रिटिश सरकार को भारतीय सहायता की सबसे अधिक आवश्यकता थी, तो स्वशासन के वादे किए गए और कुछ नए सुधार लागू किए गए। असेंबली को सीमित विधायी अधिकार दिए गए, लेकिन वे भी वायसराय की इच्छा पर निर्भर थे। अब हम तीसरे चरण में प्रवेश कर चुके हैं।

अब नए सुधारों पर चर्चा हो रही है और उन्हें जल्द ही लागू किया जाने वाला है। हमारे युवा कार्यकर्ता इन सुधारों का मूल्यांकन कैसे करें? यही प्रश्न है; मुझे नहीं पता कि कांग्रेस के नेता इन्हें किस मानदंड के आधार पर परखने वाले हैं, लेकिन हम क्रांतिकारियों के लिए, हम इन्हें निम्नलिखित कसौटी पर परख सकते हैं :

1. भारतीयों के कंधों पर सौंपी गई ज़िम्मेदारी की सीमा।

2. सरकारी संस्थाओं का स्वरूप, जो लागू की जाने वाली हैं, और जनता को दी गई भागीदारी के अधिकार की सीमा।

3. भविष्य की संभावनाएँ और सुरक्षा उपाय।

इन बिंदुओं को थोड़ा और स्पष्ट करने की आवश्यकता हो सकती है। पहली बात, हम यह आसानी से परख सकते हैं कि हमारे लोगों को

कितनी ज़िम्मेदारी दी जा रही है, इसका आकलन इस बात से होगा कि हमारे प्रतिनिधियों को कार्यपालिका पर कितना नियंत्रण दिया जाता है। अब तक, कार्यपालिका को कभी भी विधायिका के प्रति जवाबदेह नहीं बनाया गया, और वायसराय को वीटो पावर प्राप्त थी, जिससे सदस्यों के सभी प्रयास व्यर्थ हो जाते थे। स्वराज पार्टी के प्रयासों के कारण, वायसराय को बार–बार इन विशेष शक्तियों का उपयोग करने के लिए मजबूर होना पड़ा, जिससे राष्ट्र के प्रतिनिधियों द्वारा लिए गए गंभीर निर्णयों को बेरहमी से कुचल दिया गया।

यह बात पहले से ही इतनी स्पष्ट है कि इस पर अधिक चर्चा की आवश्यकता नहीं है।

अब, सबसे पहले, हमें कार्यपालिका के गठन की प्रक्रिया को देखना होगा : क्या कार्यपालिका का चुनाव जनता की विधानसभा के सदस्यों द्वारा किया जाएगा, या फिर पहले की तरह इसे ऊपर से थोप दिया जाएगा? इसके अलावा, क्या यह कार्यपालिका विधानसभा के प्रति जवाबदेह होगी, या फिर पिछले समय की तरह इसे पूरी तरह अनदेखा करेगी?

दूसरे बिंदु के संबंध में, हम इसे मताधिकार के दायरे से परख सकते हैं। मतदान के लिए संपत्ति की योग्यता को पूरी तरह समाप्त कर दिया जाना चाहिए, और इसके स्थान पर सर्वव्यापी मताधिकार लागू किया जाना चाहिए। हर वयस्क, चाहे वह पुरुष हो या महिला को मतदान का अधिकार मिलना चाहिए। वर्तमान में, हमें केवल यह देखना है कि मताधिकार को कितना विस्तारित किया गया है।

मैं यहाँ प्रांतीय स्वायत्तता का उल्लेख करना चाहता हूँ। लेकिन जो कुछ मैंने सुना है, उसके आधार पर मैं केवल यही कह सकता हूँ कि ऊपर से थोपे गए गवर्नर, जिसे असाधारण शक्तियाँ दी गई हैं और जो विधायिका से भी ऊपर होगा, वह एक निरंकुश शासक से कम नहीं होगा। बेहतर होगा कि हम इसे 'प्रांतीय स्वायत्तता' के बजाय 'प्रांतीय तानाशाही' कहें। यह तो राज्य संस्थाओं के लोकतंत्रीकरण का एक अजीब ही प्रकार है।

तीसरा बिंदु पूरी तरह स्पष्ट है। पिछले दो वर्षों से ब्रिटिश राजनीतिज्ञ यह प्रयास कर रहे हैं कि वे मोंटेग्यू के वादे को निष्प्रभावी कर दें, जिसके

अनुसार हर दस वर्षों में कुछ और सुधारों की खैरात दी जाती रहेगी, जब तक कि ब्रिटिश खज़ाना पूरी तरह खाली न हो जाए।

हम देख सकते हैं कि उन्होंने भविष्य के बारे में क्या निर्णय लिया है। मुझे यह स्पष्ट कर देना चाहिए कि हम इन चीजों का विश्लेषण किसी उपलब्धि पर खुश होने के लिए नहीं कर रहे, बल्कि अपनी स्थिति को स्पष्ट रूप से समझने के लिए कर रहे हैं, ताकि हम जनता को जागरूक कर सकें और उन्हें आगे के संघर्ष के लिए तैयार कर सकें। हमारे लिए समझौते का अर्थ कभी आत्मसमर्पण नहीं होता, बल्कि यह आगे बढ़ने का एक कदम और कुछ समय के लिए विश्राम होता है, बस इतना ही, और कुछ नहीं।

वर्तमान स्थिति पर चर्चा करने के बाद, अब आने वाले कार्यक्रम और उस कार्य योजना पर चर्चा करें, जिसे हमें अपनाना चाहिए। जैसा कि मैंने पहले ही कहा है, किसी भी क्रांतिकारी दल के लिए एक ठोस कार्यक्रम आवश्यक होता है। क्योंकि आपको यह समझना होगा कि क्रांति का अर्थ ही कार्रवाई है। क्रांति का अर्थ है एक संगठित और व्यवस्थित कार्य के माध्यम से जानबूझकर परिवर्तन लाना, न कि अचानक, अव्यवस्थित या स्वतः उत्पन्न होने वाला बदलाव या विनाश। और एक कार्यक्रम तैयार करने के लिए, हमें अनिवार्य रूप से निम्नलिखित विषयों का अध्ययन करना होगा :

1. लक्ष्य।
2. जिस बिंदु से हमें शुरुआत करनी है, अर्थात् वर्तमान परिस्थितियाँ।
3. कार्य योजना, अर्थात् साधन और तरीके।

जब तक इन तीनों पहलुओं की स्पष्ट समझ नहीं होगी, तब तक किसी भी कार्यक्रम पर चर्चा करना बेकार होगा।

हमने वर्तमान स्थिति पर कुछ हद तक चर्चा की है। लक्ष्य पर भी संक्षेप में बात की गई है।

हम एक समाजवादी क्रांति चाहते हैं, और इसके लिए राजनीतिक क्रांति पहली अनिवार्य शर्त है। राजनीतिक क्रांति का अर्थ केवल सत्ता का ब्रिटिशों से भारतीयों के हाथों में स्थानांतरण नहीं है, बल्कि सत्ता उन भारतीयों को सौंपनी होगी, जो हमारे अंतिम लक्ष्य से सहमत हों। या स्पष्ट रूप से कहें, तो सत्ता जनता के समर्थन से क्रांतिकारी पार्टी के

हाथों में जानी चाहिए। इसके बाद, समाज के पुनर्निर्माण को समाजवादी आधार पर संगठित करने के लिए ठोस कार्य किया जाना चाहिए। यदि आपका उद्देश्य यह क्रांति नहीं है, तो कृपया दया करें और 'इंकलाब ज़िंदाबाद' का नारा लगाना बंद करें। 'क्रांति' शब्द हमारे लिए बहुत पवित्र है और इसे हल्के में लेना या दुरुपयोग करना उचित नहीं। लेकिन यदि आप केवल राष्ट्रीय क्रांति के समर्थक हैं और आपके संघर्ष का लक्ष्य 'संयुक्त राज्य अमेरिका', जैसा एक भारतीय गणराज्य बनाना है, तो मैं आपसे पूछता हूँ आप किन शक्तियों पर निर्भर कर रहे हैं, जो आपको इस क्रांति तक पहुँचाने में मदद करेंगी? क्योंकि किसी भी क्रांति, चाहे वह राष्ट्रीय हो या समाजवादी, के लिए केवल दो ही शक्तियाँ निर्णायक होती हैं : किसान और मजदूर।

कांग्रेस के नेता इन शक्तियों को संगठित करने का साहस नहीं रखते। आपने इसे इस आंदोलन में देख भी लिया है। वे इस बात को दूसरों से बेहतर जानते हैं कि इन शक्तियों के बिना वे पूरी तरह असहाय हैं। जब उन्होंने पूर्ण स्वतंत्रता का प्रस्ताव पारित किया–जो वास्तव में एक क्रांति का संकेत था–तो वे इसे सच में अपनाना नहीं चाहते थे। उन्होंने इसे युवाओं के दबाव में पारित किया, और फिर इसे केवल एक धमकी के रूप में इस्तेमाल किया, ताकि वे अपने वास्तविक लक्ष्य–डोमिनियन स्टेटस को प्राप्त कर सकें। आप इसे कांग्रेस के पिछले तीन अधिवेशनों के प्रस्तावों मद्रास, कलकत्ता और लाहौर का अध्ययन करके आसानी से समझ सकते हैं। कलकत्ता अधिवेशन में, उन्होंने एक प्रस्ताव पारित किया कि अगर बारह महीने के भीतर डोमिनियन स्टेटस नहीं मिला, तो वे पूर्ण स्वतंत्रता को अपना लक्ष्य बना लेंगे। और फिर 31 दिसंबर सन् 1929 की आधी रात तक वे किसी उपहार की तरह इसे मिलने की प्रतीक्षा करते रहे। फिर उन्हें यह महसूस हुआ कि वे 'सम्मानपूर्वक बाध्य' हैं कि स्वतंत्रता प्रस्ताव को अपनाएँ, अन्यथा इसका कोई अर्थ नहीं रहेगा। लेकिन तब भी, महात्मा जी ने यह स्पष्ट कर दिया था कि समझौते के लिए दरवाज़ा खुला है। यही असली भावना थी। शुरू से ही वे जानते थे कि उनका आंदोलन किसी न किसी समझौते पर ही खत्म होगा। हमें इस समझौते से नहीं, बल्कि उस आधे–अधूरे रवैये से नफरत है, जो संघर्ष के दौरान अपनाया जाता है। वैसे भी, हम

उन शक्तियों की चर्चा कर रहे थे, जिन पर आप क्रांति के लिए विश्वास कर सकते हैं। लेकिन अगर आप यह कहते हैं कि आप किसानों और मज़दूरों को सक्रिय समर्थन के लिए जोड़ेंगे, तो मैं साफ बता दूँ कि वे भावनात्मक बातों से बहकने वाले नहीं हैं। वे सीधा सवाल करेंगे कि इस क्रांति से उन्हें क्या लाभ मिलेगा, जिसके लिए आप उनसे बलिदान माँग रहे हैं? उनके लिए इससे कोई फर्क नहीं पड़ता कि भारत सरकार का प्रमुख लॉर्ड रीडिंग है या सर पुरुषोत्तमदास ठाकुरदास? एक किसान के लिए इससे क्या अंतर पड़ता है कि सर तेज बहादुर सप्रू, लॉर्ड इरविन की जगह ले लें? उसके राष्ट्रीय भावनाओं को जगाने की कोशिश बेकार है। आप उसे अपने स्वार्थ के लिए 'इस्तेमाल' नहीं कर सकते। आपको ईमानदारी से यह समझाना होगा कि यह क्रांति उसकी अपनी होगी और उसी के हित के लिए होगी, मजदूर वर्ग की क्रांति और मजदूर वर्ग के लिए ही।

जब आपके मन में अपने लक्ष्यों को लेकर यह स्पष्ट और ठोस विचार बन जाए, तभी आप पूरी ईमानदारी और दृढ़ता से अपने बलों को संगठित करने की दिशा में आगे बढ़ सकते हैं। अब, इस कार्य को पूरा करने के लिए आपको दो अलग–अलग चरणों से गुजरना होगा। पहला, तैयारी; दूसरा, कार्रवाई।

जब वर्तमान आंदोलन समाप्त होगा, तो आप देखेंगे कि ईमानदार क्रांतिकारी कार्यकर्ताओं के बीच घोर निराशा और असंतोष का माहौल रहेगा। लेकिन आपको इसकी चिंता करने की आवश्यकता नहीं है। भावनाओं में बहने के बजाय, वास्तविकता का सामना करने के लिए तैयार रहें। क्रांति कोई आसान कार्य नहीं है। किसी एक व्यक्ति के बस की बात नहीं कि वह क्रांति कर सके। न ही इसे किसी तयशुदा तारीख पर लाया जा सकता है। क्रांति विशेष सामाजिक और आर्थिक परिस्थितियों के कारण होती है। एक संगठित दल का कर्तव्य यही होता है कि जब ये परिस्थितियाँ अनुकूल हों, तो उनका सही उपयोग किया जाए। जनता को तैयार करना और क्रांतिकारी शक्तियों को संगठित करना बेहद कठिन कार्य है, लेकिन यही असली क्रांति की दिशा में उठाया गया पहला और सबसे जरूरी कदम होता है। और इसके लिए क्रांतिकारी कार्यकर्ताओं से बहुत बड़ा बलिदान चाहिए। मैं यह साफ

कर देना चाहता हूँ कि अगर आप एक व्यवसायी हैं या एक स्थापित पारिवारिक व्यक्ति हैं, तो कृपया इस आग से मत खेलिए। एक नेता के रूप में आप पार्टी के लिए किसी काम के नहीं हैं। हमारे पास पहले से ही ऐसे कई नेता हैं जो सिर्फ शाम के कुछ घंटे भाषण देने में लगाते हैं। वे बेकार हैं। हमें चाहिए–जैसा कि लेनिन का प्रिय शब्द था–'पेशेवर क्रांतिकारी' चाहिए। ऐसे पूर्णकालिक कार्यकर्ता, जिनका कोई और लक्ष्य या जीवन–कार्य न हो, सिवाय क्रांति के। जितनी ज़्यादा संख्या में ऐसे समर्पित कार्यकर्ता एक संगठित दल में शामिल होंगे, आपकी सफलता की संभावना उतनी ही अधिक होगी।

योजनाबद्ध तरीके से, आगे बढ़ने के लिए सबसे जरूरी चीज है एक ऐसी पार्टी जिसमें ऊपर बताए गए प्रकार के कार्यकर्ता हों। ऐसे कार्यकर्ता जिनके विचार स्पष्ट हों, जिनकी सोच तीव्र हो, जो पहल करने की क्षमता रखते हों, और जो तुरंत निर्णय लेने में सक्षम हों। पार्टी में लोहे जैसा अनुशासन होना चाहिए, लेकिन इसका यह मतलब नहीं कि यह कोई गुप्त संगठन ही हो। बल्कि, इसके विपरीत होना चाहिए। हालांकि, स्वेच्छा से जेल जाने की नीति को पूरी तरह छोड़ देना चाहिए। ऐसा करने से कई कार्यकर्ता मजबूर होकर गुप्त रूप से काम करने को विवश होंगे। लेकिन उन्हें उसी जोश और समर्पण के साथ अपना कार्य जारी रखना होगा। यही समर्पित कार्यकर्ताओं का समूह वह नेतृत्व तैयार करेगा, जो सही अवसर आने पर क्रांति को वास्तविक रूप देने में सक्षम होगा।

पार्टी को ऐसे समर्पित कार्यकर्ताओं की आवश्यकता है, जिन्हें केवल युवा आंदोलन के माध्यम से ही भर्ती किया जा सकता है। इसलिए, युवा आंदोलन हमारे कार्यक्रम की शुरुआत का सबसे महत्वपूर्ण आधार बनता है। युवा आंदोलन को अध्ययन मंडल (स्टडी सर्कल) बनाना चाहिए, कक्षाओं में व्याख्यान आयोजित करने चाहिए, और पर्चे, पैम्फलेट, किताबें तथा पत्रिकाएँ प्रकाशित करनी चाहिए। यही सबसे बेहतरीन तरीका है राजनीतिक कार्यकर्ताओं की भर्ती और प्रशिक्षण के लिए। यही वह मंच है जहाँ से योग्य और विचारशील क्रांतिकारी तैयार किए जा सकते हैं, जो आगे चलकर आंदोलन को मजबूत दिशा देंगे।

वे युवा, जिन्होंने अपने विचारों को परिपक्व बना लिया है और जो खुद को इस उद्देश्य के लिए पूरी तरह समर्पित करने के लिए तैयार

पाते हैं, उन्हें पार्टी में शामिल किया जाना चाहिए। पार्टी के कार्यकर्ता हमेशा युवा आंदोलन का मार्गदर्शन और नियंत्रण करेंगे ताकि वह सही दिशा में आगे बढ़े। पार्टी को सबसे पहले जनता के बीच प्रचार–प्रसार के काम को शुरू करना चाहिए, क्योंकि यह बेहद ज़रूरी है। गदर पार्टी (1914–15) के प्रयासों की असफलता के मूल कारणों में से एक था जनता की अज्ञानता, उदासीनता और कई बार उनका सक्रिय विरोध। इसलिए, किसानों और मजदूरों की सक्रिय सहानुभूति प्राप्त करना और उन्हें संगठित करना बेहद आवश्यक है। पार्टी का नाम संभवतः एक कम्युनिस्ट पार्टी होना चाहिए। यह सख्त अनुशासन में बंधी राजनीतिक कार्यकर्ताओं की पार्टी होगी, जो अन्य सभी आंदोलनों का नेतृत्व करेगी। इस पार्टी को किसानों और मजदूरों के संगठन, श्रमिक संघों और अन्य राजनीतिक निकायों को संगठित करना होगा। साथ ही, राष्ट्रीय राजनीति ही नहीं, बल्कि वर्ग–राजनीति (क्लास पॉलिटिक्स) के प्रति भी राजनीतिक चेतना जगानी होगी। इसके लिए पार्टी को व्यापक स्तर पर प्रकाशन अभियान चलाना चाहिए। मज़दूर वर्ग से जुड़े विषयों पर लिखी गई किताबें और साहित्य, जो समाजवादी विचारधारा को सरल और स्पष्ट भाषा में समझाए, जनता तक आसानी से पहुँचने चाहिए और बड़े पैमाने पर वितरित किए जाने चाहिए।

श्रमिक आंदोलन में कुछ ऐसे लोग होते हैं, जो यह बेतुका विचार फैलाते हैं कि बिना राजनीतिक स्वतंत्रता के भी किसानों और मजदूरों की आर्थिक आज़ादी संभव है। ऐसे लोग या तो धोखेबाज (जनभावना भड़काने वाले) होते हैं या भ्रमित। ऐसे विचार न केवल अव्यावहारिक हैं बल्कि पूरी तरह से हास्यास्पद भी। हमारा उद्देश्य है जनता की आर्थिक स्वतंत्रता, और इसी लक्ष्य को पाने के लिए हम राजनीतिक सत्ता प्राप्त करने का प्रयास कर रहे हैं। बेशक, शुरुआत में हमें किसानों और मजदूरों की छोटी–छोटी आर्थिक माँगों और सुविधाओं के लिए संघर्ष करना होगा। लेकिन यह संघर्ष सिर्फ अस्थायी लाभ के लिए नहीं, बल्कि उन्हें अंतिम लड़ाई के लिए तैयार करने का सबसे प्रभावी तरीका है, एक ऐसी लड़ाई, जो राजनीतिक सत्ता हासिल करने के लिए होगी।

इन सबके अलावा, एक संगठित सैन्य विभाग भी बनाना आवश्यक होगा। यह अत्यंत महत्वपूर्ण है। कई बार इसकी आवश्यकता बहुत तीव्र

रूप से महसूस होती है। लेकिन जब ऐसी स्थिति आती है, तब आप इसे अचानक से प्रभावी रूप से खड़ा नहीं कर सकते। इसलिए, इसे पहले से ही संगठित और तैयार करना होगा। शायद यह एक ऐसा विषय है, जिसे बहुत सावधानी से समझाने की जरूरत है, क्योंकि इस पर मुझे गलत समझे जाने की बहुत संभावना है। देखने में ऐसा लग सकता है कि मैंने एक आतंकवादी की तरह काम किया, लेकिन मैं आतंकवादी नहीं हूँ। मैं एक क्रांतिकारी हूँ, जिसका एक स्पष्ट और सुविचारित दीर्घकालिक कार्यक्रम है, जैसा कि यहाँ चर्चा की जा रही है। मेरे संघर्ष के साथी, जैसे राम प्रसाद बिस्मिल, शायद मुझ पर यह आरोप लगाएँ कि मैं फाँसी की कोठरी में रहकर कुछ हद तक भावनात्मक प्रतिक्रिया का शिकार हो गया हूँ, लेकिन यह सच नहीं है। मेरे विचार, मेरे विश्वास, मेरा जोश और मेरी क्रांतिकारी भावना वैसी ही है, जैसी पहले थी—बल्कि उससे भी अधिक मज़बूत। इसलिए, मैं अपने पाठकों को सावधान करना चाहता हूँ कि वे मेरी बातों का गलत अर्थ निकालने की कोशिश न करें। मैं अपनी पूरी शक्ति के साथ यह घोषणा करता हूँ कि मैं आतंकवादी नहीं हूँ, न कभी था, सिवाय अपने क्रांतिकारी जीवन की शुरुआत में, जब शायद मैंने ऐसा सोचा हो। लेकिन अब मैं पूरी तरह आश्वस्त हूँ कि उन तरीकों से हम कुछ भी हासिल नहीं कर सकते। कोई भी आसानी से हिंदुस्तान सोशलिस्ट रिपब्लिकन एसोसिएशन के इतिहास को देखकर यह समझ सकता है कि हमारी सभी गतिविधियाँ एक स्पष्ट उद्देश्य की ओर केंद्रित थीं, हम खुद को एक बड़े आंदोलन के सैन्य विभाग के रूप में स्थापित करना चाहते थे। अगर किसी ने मुझे गलत समझा है, तो वह अपनी सोच सुधार ले। मैं यह नहीं कह रहा कि बम और पिस्तौल बेकार हैं, बल्कि इसके विपरीत। लेकिन मेरा कहने का मतलब यह है कि सिर्फ बम फेंकना न केवल बेकार है, बल्कि कई बार नुकसानदायक भी साबित होता है। पार्टी के सैन्य विभाग को हमेशा सभी उपलब्ध युद्ध—सामग्री तैयार रखनी चाहिए, ताकि किसी भी आपात स्थिति में उसका उपयोग किया जा सके। लेकिन यह विभाग हमेशा पार्टी के राजनीतिक कार्यों का समर्थन करेगा। यह स्वतंत्र रूप से काम नहीं कर सकता और न ही करना चाहिए।

उपर्युक्त दिशा—निर्देशों के अनुसार, पार्टी को अपने कार्यों को आगे बढ़ाना चाहिए। समय—समय पर बैठकों और सम्मेलनों का आयोजन

कर अपने कार्यकर्ताओं को हर विषय पर शिक्षित और जागरूक करना जरूरी है। अगर आप इस मार्ग पर कार्य शुरू करते हैं, तो आपको बहुत संयमित और धैर्यवान रहना होगा। यह कार्यक्रम पूरा करने में कम से कम बीस वर्ष लगेंगे। गाँधी जी के एक वर्ष में स्वराज लाने के आदर्शवादी (यूटोपियन) वादों या दस वर्षों में क्रांति के सपने को छोड़ देना चाहिए। क्रांति केवल भावना या मृत्यु से नहीं आती, बल्कि सतत संघर्ष, पीड़ा और बलिदान के जीवन से आती है। सबसे पहले अपने व्यक्तिगत स्वार्थों और इच्छाओं को कुचलना होगा। आराम और सुविधा के सपनों को छोड़ो, और तब काम शुरू करो। आपको इंच दर इंच आगे बढ़ना होगा। इसके लिए साहस, दृढ़ संकल्प और अटूट धैर्य चाहिए। कोई कठिनाई और कोई परेशानी आपको हतोत्साहित नहीं कर सकती। कोई असफलता और कोई विश्वासघात आपको तोड़ नहीं सकता। कोई भी पीड़ा आपकी क्रांतिकारी इच्छाशक्ति को बुझा नहीं सकती। त्याग और बलिदान की इस अग्निपरीक्षा से गुजरकर ही आप विजयी बनेंगे। और ये व्यक्तिगत विजय ही क्रांति की सबसे मूल्यवान पूँजी बनेंगी।

इंकलाब ज़िंदाबाद!

रक्षा की रणनीति : हरी किशन के मामले में

(23 दिसंबर सन् 1930 को, जब पंजाब के गवर्नर ने लाहौर यूनिवर्सिटी हॉल में अपना दीक्षांत भाषण दिया और बाहर निकल रहे थे, तब हरी किशन ने उन पर गोली चलाई। एक व्यक्ति की मृत्यु हो गई और गवर्नर को हल्की चोटें आईं। मुकदमे के दौरान, हरी किशन के वकील ने यह दलील दी कि हरी किशन का गवर्नर को मारने का कोई इरादा नहीं था, बल्कि वह सिर्फ उन्हें चेतावनी देना चाहता था। भगत सिंह इस तरह की दलीलों के खिलाफ थे। उन्होंने अपने एक दोस्त को पत्र लिखा, जिसमें बताया कि क्रांतिकारी मामलों को किस तरह से संभाला जाना चाहिए। यह पत्र जून सन् 1931 में *द पीपल* नामक पत्रिका में प्रकाशित हुआ था।)

मुझे बहुत दुःख है कि इस संबंध में मेरा पिछला पत्र सही समय पर अपने गंतव्य तक नहीं पहुँच सका और इसलिए उसका कोई उपयोग नहीं हुआ, या वह उस उद्देश्य को पूरा नहीं कर पाया जिसके लिए लिखा गया था। इसीलिए, मैं यह पत्र लिख रहा हूँ ताकि आपको राजनीतिक मामलों में बचाव के बारे में, खासतौर पर क्रांतिकारी मामलों में, अपने विचार बता सकूँ। इस पत्र में उन कुछ बिंदुओं के अलावा, जो पहले वाले पत्र में चर्चा किए गए थे, एक और उद्देश्य भी पूरा होगा। यानी,

यह इस बात का दस्तावेजी प्रमाण होगा कि मैं घटना के बाद समझदार बनने का दिखावा नहीं कर रहा हूँ।

खैर, मैंने उस पत्र में लिखा था कि जो दलील वकील बचाव (डिफेंस) के लिए पेश करने की सलाह दे रहा था, उसे नहीं अपनाना चाहिए। लेकिन हमारी और आपकी आपत्ति के बावजूद, ऐसा किया गया। फिर भी, अब हम इस मुद्दे पर बेहतर तरीके से चर्चा कर सकते हैं और भविष्य में बचाव की नीति को लेकर अपने विचार स्पष्ट रूप से तय कर सकते हैं।

आप जानते हैं कि मैं कभी भी सभी राजनीतिक आरोपियों के बचाव के पक्ष में नहीं रहा हूँ। लेकिन इसका यह मतलब नहीं है कि असली संघर्ष की खूबसूरती पूरी तरह बर्बाद हो जाए। (कृपया ध्यान दें कि यहाँ 'खूबसूरती' शब्द को किसी कल्पनात्मक अर्थ में नहीं, बल्कि उस उद्देश्य के रूप में इस्तेमाल किया गया है, जिसने किसी विशेष कार्य को प्रेरित किया।) जब मैं यह कहता हूँ कि सभी राजनीतिक अभियुक्तों को हमेशा अपना बचाव करना चाहिए, तो मैं इसे कुछ शर्तों के साथ कहता हूँ। इसे एक सरल उदाहरण से समझा जा सकता है। एक व्यक्ति किसी उद्देश्य को ध्यान में रखते हुए कोई कार्य करता है। उसकी गिरफ्तारी के बाद, उस कार्य के राजनीतिक महत्व को कम नहीं होना चाहिए। कार्य करने वाले व्यक्ति से अधिक, खुद उस कार्य को प्राथमिकता दी जानी चाहिए। इसे एक उदाहरण से और स्पष्ट करते हैं। श्री हरी किशन गवर्नर को गोली मारने आए थे। मैं यहाँ केवल इस कार्य के नैतिक पहलू पर चर्चा नहीं करना चाहता। मैं यहाँ केवल इस मामले के राजनीतिक पहलू पर चर्चा करना चाहता हूँ। वह व्यक्ति गिरफ्तार हो गया। दुर्भाग्यवश, इस कार्रवाई में एक पुलिस अधिकारी की मृत्यु हो गई। अब बचाव का प्रश्न आता है। जब सौभाग्य से गवर्नर बच गया, तो इस मामले में एक बहुत स्पष्ट और प्रभावशाली बयान दिया जा सकता था, यानी, वही बयान जो निचली अदालत में दिया गया था, जो वास्तविक तथ्यों पर आधारित था। यह कानूनी दृष्टि से भी सही रहता। अब, वकील की समझदारी और क्षमता इस बात पर निर्भर करती थी कि वह सब–इंस्पेक्टर की मृत्यु के कारण की क्या व्याख्या करता है। लेकिन उसने यह कहकर क्या हासिल किया कि उसका गवर्नर को मारने का इरादा नहीं था, बल्कि वह सिर्फ

उसे चेतावनी देना चाहता था? क्या कोई भी समझदार व्यक्ति एक पल के लिए भी यह सोच सकता है कि ऐसा कोई इरादा हो सकता था? क्या इसका कोई कानूनी महत्व था? बिल्कुल नहीं। तो फिर इस कार्रवाई की खूबसूरती और पूरे आंदोलन के महत्व को खराब करने का क्या फायदा? केवल चेतावनी देना और बेकार के विरोध प्रदर्शन हमेशा चलते नहीं रह सकते। चेतावनी तो बहुत पहले ही दी जा चुकी थी। क्रांतिकारी संघर्ष पूरी गंभीरता से शुरू हो चुका था, जितनी ताकत क्रांतिकारी दल के पास थी। वायसराय की ट्रेन पर किया गया हमला न कोई परीक्षा थी और न ही कोई चेतावनी। उसी तरह, श्री हरी किशन की कार्रवाई भी संघर्ष का ही एक हिस्सा थी, न कि कोई चेतावनी। अब जब यह प्रयास असफल हो गया, तो आरोपी को इसे एक खिलाड़ी की भावना के साथ लेना चाहिए था। जब मकसद पूरा हो गया, तो उसे गवर्नर के बच जाने की खुशी मनानी चाहिए थी। किसी एक व्यक्ति की हत्या का कोई फायदा नहीं है। इन कार्रवाइयों का राजनीतिक महत्व सिर्फ इतना ही है कि ये एक विशेष मानसिकता और माहौल तैयार करने में मदद करती हैं, जो अंतिम संघर्ष के लिए बहुत ज़रूरी होगा। बस यही उद्देश्य है। व्यक्तिगत कार्रवाइयाँ जनता का नैतिक समर्थन जीतने के लिए की जाती हैं। कभी–कभी, हम इन्हें 'कर्मों के माध्यम से प्रचार' भी कहते हैं।

अब, लोगों का बचाव किया जाना चाहिए, लेकिन ऊपर बताए गए विचारों को ध्यान में रखते हुए। आखिरकार, यह एक आम सिद्धांत है कि सभी प्रतिद्वंद्वी पक्ष हमेशा अधिक प्राप्त करने और कम नुकसान उठाने की कोशिश करते हैं। कोई भी सेनापति ऐसी नीति नहीं अपना सकता, जिसमें उसे अपेक्षित लाभ से अधिक बलिदान देना पड़े। श्री हरी किशन की अनमोल जिंदगी बचाने की मुझसे ज्यादा चिंता किसी और को नहीं हो सकती। लेकिन मैं आपको यह बताना चाहता हूँ कि जिस वजह से उनकी जिंदगी अनमोल बनी है, उसे किसी भी हाल में नजरअंदाज़ नहीं किया जाना चाहिए। किसी भी कीमत पर जीवन बचाना हमारी नीति नहीं है। यह आसान जिंदगी जीने वाले राजनेताओं की नीति हो सकती है, लेकिन हमारी नहीं।

बचाव (डिफेंस) की नीति बहुत हद तक खुद आरोपी की मानसिकता पर निर्भर करती है। लेकिन अगर आरोपी न केवल डरने से बचता है,

बल्कि पहले की तरह जोश से भरा हुआ है, तो सबसे पहले उस काम को महत्व दिया जाना चाहिए, जिसके लिए उसने अपनी जान जोखिम में डाली थी, और उसके व्यक्तिगत मामले को बाद में देखा जाना चाहिए। हालांकि, इसमें कुछ उलझन हो सकती है। कुछ ऐसे मामले हो सकते हैं, जहाँ कोई कार्रवाई स्थानीय रूप से बहुत महत्वपूर्ण हो, लेकिन उसका राष्ट्रीय स्तर पर कोई खास असर न हो। ऐसे मामलों में, आरोपी को भावुक होकर खुद पर ज़िम्मेदारी नहीं लेनी चाहिए। निर्मल कांत राय के मशहूर मुकदमे को इसका सबसे अच्छा उदाहरण माना जा सकता है।

लेकिन जिन मामलों में किसी घटना का राजनीतिक महत्व बहुत बड़ा हो, वहाँ व्यक्तिगत पहलू को राजनीतिक पहलू से अधिक महत्व नहीं दिया जाना चाहिए। अगर आप इस मामले पर मेरी स्पष्ट राय जानना चाहते हैं, तो मैं साफ तौर पर कहना चाहूँगा कि यह एक ऐतिहासिक महत्व की घटना की राजनीतिक हत्या के अलावा और कुछ नहीं है, जो पेशेवर (कानूनी) अहंकार की वेदी पर चढ़ा दी गई।

यहाँ मैं एक और बात साफ करना चाहता हूँ कि जिन लोगों ने इस मामले को दबाने की ज़िम्मेदारी ली थी, वे अब अपनी गलती समझ चुके हैं। घटना के बाद समझदार बनने और अपनी ज़िम्मेदारी न उठाने की हिम्मत न होने के कारण, वे अब हमारे युवा साथी के अद्भुत चरित्र की महानता को कमतर दिखाने की कोशिश कर रहे हैं। मैंने सुना है कि वे कह रहे हैं कि श्री हरी किशन ने इसे साहसपूर्वक सामना करने से बचने की कोशिश की।

यह सबसे शर्मनाक झूठ है। हरी किशन सबसे बहादुर युवक हैं, जिनसे मैं अब तक मिला हूँ। लोगों को हम पर दया करनी चाहिए। अगर देखभाल अच्छे से नहीं हो सकती, तो बेहतर है कि हमें नज़रअंदाज़ कर दिया जाए, बजाय इसके कि हमें हतोत्साहित और अपमानित किया जाए।

वकीलों को इतना निर्लज्ज नहीं होना चाहिए कि वे उन युवाओं के जीवन और यहाँ तक कि उनकी मृत्यु का भी लाभ उठाएँ, जो पीड़ित मानवता की मुक्ति जैसे महान उद्देश्य के लिए अपना बलिदान देने आते हैं। मुझे वास्तव में (मूल पाठ में कुछ शब्द गायब हैं)। वरना, कोई वकील इतनी अविश्वसनीय फीस कैसे माँग सकता है, जितनी इस मामले में दी गई?

राजद्रोह के मामलों में, मैं आपको यह बता सकता हूँ कि हम बचाव (डिफेंस) को किस हद तक स्वीकार कर सकते हैं। पिछले साल, जब हमारे एक साथी पर समाजवादी भाषण देने के आरोप में मुकदमा चलाया गया और उसने खुद को निर्दोष बताया, तो हम हैरान रह गए। ऐसे मामलों में हमें अभिव्यक्ति की स्वतंत्रता का अधिकार माँगना चाहिए। लेकिन जब किसी व्यक्ति पर ऐसी बातें थोप दी जाएँ जो उसने कही ही नहीं हैं और जो आंदोलन के हितों के खिलाफ हैं, तो हमें उनका खंडन करना चाहिए। हालाँकि, इस वर्तमान आंदोलन में कांग्रेस ने यह गलती की कि उसने अपने सदस्यों को बिना बचाव किए जेल जाने दिया। मेरी राय में, यह एक गलती थी।

खैर, मुझे लगता है कि अगर आप इस पत्र को मेरे पिछले पत्र के साथ पढ़ेंगे, तो आपको राजनीतिक मामलों में बचाव (डिफेंस) के बारे में मेरे विचार बहुत साफ समझ आ जाएंगे। श्री हरी किशन के मामले में, मेरी राय है कि उनकी अपील हाईकोर्ट में जरूर दाखिल की जानी चाहिए, और उन्हें बचाने के लिए हर संभव प्रयास किया जाना चाहिए।

मुझे उम्मीद है कि ये दोनों पत्र इस विषय पर मेरी बात को पूरी तरह स्पष्ट कर देंगे।

सपनों की दुनिया (ड्रीमलैंड) का परिचय

(लाला राम शरण दास को सन् 1915 में पहले लाहौर षड्यंत्र केस (LCC) में उम्रकैद की सजा हुई थी। जब वे मद्रास प्रेसीडेंसी की सेलम सेंट्रल जेल में थे, तब उन्होंने द *ड्रीमलैंड* नाम की एक काव्य पुस्तक लिखी। बीसवीं सदी के मध्य में, जेल से रिहा होने के बाद, उन्होंने भगत सिंह और सुखदेव से संपर्क किया और हिंदुस्तान सोशलिस्ट रिपब्लिकन एसोसिएशन (HSRA) में सक्रिय हो गए। बाद में, दूसरे लाहौर षड्यंत्र केस में उन्हें फिर से गिरफ्तार कर लिया गया। इस बार, वे घबरा गए और राजा की माफी स्वीकार कर ली। लेकिन जल्दी ही उन्हें अपनी गलती का एहसास हुआ और उन्होंने अपना बयान वापस ले लिया। इसके बाद, उन पर झूठी गवाही का आरोप लगा और उन्हें दो साल की सजा सुनाई गई। हालांकि, अपील करने पर उनकी सजा घटाकर छह महीने कर दी गई। इसी सजा के दौरान, उन्होंने अपनी पांडुलिपि (पुस्तक की लिखी हुई प्रति) भगत सिंह को परिचय लिखने के लिए दी। इस लेख में, भगत सिंह ने राम शरण दास के विचारों की भावना की सराहना की, लेकिन क्रांति से जुड़े मुद्दों पर उनके आदर्शवादी (काल्पनिक/यूटोपियन) दृष्टिकोण की आलोचना भी की। भगत सिंह ने इस लेख में भगवान, धर्म, हिंसा और

अहिंसा, आध्यात्मिकता, साहित्य, कविता आदि जैसे विषयों पर भी अपने विचार व्यक्त किए हैं।)

मेरे आदरणीय मित्र, लाला राम शरण दास ने मुझसे उनकी काव्य रचना *ड्रीमलैंड* के लिए भूमिका (परिचय) लिखने का अनुरोध किया है। मैं न तो कवि हूँ, न ही साहित्यकार। न मैं पत्रकार हूँ और न ही कोई समीक्षक। इसलिए, किसी भी तरह से मैं इस अनुरोध को सही ठहराने का कारण नहीं ढूँढ सकता। लेकिन जिन परिस्थितियों में मैं हूँ, उनमें लेखक से इस विषय पर चर्चा करने का कोई अवसर नहीं है। इसलिए, मेरे पास कोई और विकल्प नहीं बचता, सिवाय इसके कि मैं अपने मित्र की इच्छा पूरी करूँ।

चूँकि मैं कोई कवि नहीं हूँ, इसलिए मैं इस कृति की चर्चा उस दृष्टिकोण से नहीं करूँगा। छंद के बारे में मुझे बिल्कुल भी जानकारी नहीं है, और मुझे यह भी नहीं पता कि अगर इसे छंद की दृष्टि से परखा जाए, तो यह सही साबित होगा या नहीं। साहित्यकार न होने के कारण, मैं इस पुस्तक का विश्लेषण इस उद्देश्य से भी नहीं करूँगा कि इसका राष्ट्रीय साहित्य में सही स्थान निर्धारित किया जा सके।

चूँकि मैं एक राजनीतिक कार्यकर्ता हूँ, इसलिए मैं इस पुस्तक पर केवल राजनीतिक दृष्टिकोण से चर्चा कर सकता हूँ। लेकिन यहाँ भी एक समस्या है, जो मेरे लिए इस काम को लगभग असंभव या कम से कम, बहुत मुश्किल बना देती है। आमतौर पर, परिचय हमेशा किसी ऐसे व्यक्ति द्वारा लिखा जाता है, जो लेखक के विचारों से पूरी तरह सहमत हो। लेकिन इस मामले में स्थिति बिल्कुल अलग है। मैं अपने मित्र से सभी मुद्दों पर पूरी तरह सहमत नहीं हूँ। उन्हें यह पता था कि हम कई महत्वपूर्ण मुद्दों पर अलग–अलग विचार रखते हैं। इसलिए, मेरा लिखा हुआ यह परिचय वास्तव में परिचय नहीं होगा, बल्कि एक आलोचना (विवेचना) होगी। और इसकी सही जगह पुस्तक की शुरुआत में नहीं, बल्कि अंत में होनी चाहिए।

राजनीतिक क्षेत्र में *ड्रीमलैंड* बहुत महत्वपूर्ण स्थान रखती है। वर्तमान परिस्थितियों में, यह आंदोलन में एक बहुत ज़रूरी खाली जगह को भर रही है। असल में, हमारे देश के अब तक के सभी राजनीतिक

आंदोलन, जिन्होंने आधुनिक इतिहास में कोई महत्वपूर्ण भूमिका निभाई, हमेशा उस आदर्श (लक्ष्य) से वंचित रहे, जिसे वे हासिल करना चाहते थे। क्रांतिकारी आंदोलन भी इससे अलग नहीं है। मैंने पूरी कोशिश की, लेकिन मुझे कोई ऐसा क्रांतिकारी दल नहीं मिला, जिसके पास यह स्पष्ट विचार हो कि वे किसके लिए लड़ रहे हैं। हालाँकि, गदर पार्टी इसका एकमात्र अपवाद थी, यह पार्टी अमेरिकी सरकार के मॉडल से प्रेरित थी और उसने स्पष्ट रूप से कहा था कि वे ब्रिटिश शासन को हटाकर गणतांत्रिक सरकार स्थापित करना चाहते हैं। बाकी सभी पार्टियों में ऐसे लोग थे, जिनका सिर्फ एक ही विचार था, विदेशी शासकों के खिलाफ लड़ना। यह विचार सराहनीय है, लेकिन इसे क्रांतिकारी विचार नहीं कहा जा सकता। हमें यह स्पष्ट करना होगा कि क्रांति का मतलब सिर्फ हिंसा, विद्रोह या रक्तपात नहीं होता। क्रांति का असली अर्थ है वर्तमान व्यवस्था (शासन) को पूरी तरह खत्म करने के बाद, समाज का एक नया और बेहतर ढंग से व्यवस्थित पुनर्निर्माण करना।

राजनीतिक क्षेत्र में, उदारवादी (लिबरल) लोग वर्तमान सरकार के अधीन कुछ सुधार चाहते थे, जबकि उग्रवादी इससे थोड़ा अधिक मांग कर रहे थे और इसके लिए कठोर उपाय अपनाने को तैयार थे। क्रांतिकारियों में हमेशा से ही विदेशी शासन को उखाड़ फेंकने की एक ही सोच थी, और वे इसके लिए कट्टरपंथी तरीकों के पक्ष में थे। हालाँकि, कुछ ऐसे भी लोग थे जो इन कठोर तरीकों का इस्तेमाल करके कुछ सुधार हासिल करना चाहते थे। लेकिन इन सभी आंदोलनों को सही मायनों में क्रांतिकारी आंदोलन नहीं कहा जा सकता।

लेकिन लाला राम शरण दास पहले ऐसे क्रांतिकारी थे, जिन्हें सन् 1908 में पंजाब में एक बंगाली भगोड़े क्रांतिकारी द्वारा औपचारिक रूप से शामिल किया गया था। तब से, वे क्रांतिकारी आंदोलनों के संपर्क में रहे और अंततः गदर पार्टी में शामिल हो गए, लेकिन उनके पुराने विचार वही बने रहे, जो लोग अपने आंदोलन के आदर्श को लेकर रखते थे। इससे जुड़ा एक और दिलचस्प तथ्य है, जो इस पुस्तक की खूबसूरती और महत्व को और बढ़ा देता है। सन् 1915 में, लाला राम शरण दास को मृत्यु की सजा सुनाई गई थी, लेकिन बाद में इस सजा को आजीवन कारावास में बदल दिया गया। आज, मैं खुद एक फाँसी की सजा पाए

कैदी की कोठरी में बैठा हूँ, और पूरी सच्चाई के साथ पाठकों को बता सकता हूँ कि आजीवन कारावास, फाँसी की सजा से कहीं अधिक कठिन होता है। लाला राम शरण दास ने वास्तव में 14 साल की कठोर कैद भोगी। इसी दौरान, दक्षिण भारत की किसी जेल में, उन्होंने यह कविता लिखी। उस समय उनके मन में चल रही मानसिक और भावनात्मक उथल–पुथल की छाप उनकी कविताओं में साफ झलकती है, जो इसे और भी सुंदर और रोचक बना देती है। उन्होंने यह कविता लिखने से पहले एक निराशाजनक मानसिक स्थिति से कड़ा संघर्ष किया। वे ऐसे दिनों से गुजर रहे थे, जब उनके कई साथी शर्तों पर रिहा किए जा रहे थे। उन पर भी इस प्रलोभन का गहरा असर था। साथ ही, पत्नी और बच्चों की मीठी मगर दर्दभरी यादें इस संघर्ष को और भी कठिन बना रही थीं। यही कारण है कि हमें उनकी कविता के पहले ही पद्य में भावनाओं का यह तीव्र विस्फोट देखने को मिलता है :

'पत्नी, बच्चे, मित्र जो मुझे घेरे हुए थे,
वे चारों ओर फैले जहरीले साँपों की तरह थे।'

उन्होंने अपनी पुस्तक की शुरुआत में दर्शन पर चर्चा की है। यह दर्शन बंगाल और पंजाब के सभी क्रांतिकारी आंदोलनों की रीढ़ की हड्डी रहा है। लेकिन इस मुद्दे पर मेरी उनके विचारों से काफी गहरी असहमति है। उनकी ब्रह्मांड की व्याख्या धार्मिक और रहस्यवादी दृष्टिकोण से की गई है, जबकि मैं एक भौतिकवादी हूँ और मेरे अनुसार सभी घटनाओं की व्याख्या वैज्ञानिक कारणों के आधार पर होनी चाहिए। हालाँकि, उनका विचार न तो अनुपयुक्त है और न ही पुराना। हमारे देश में प्रचलित आम विचारधाराएँ उन्हीं के विचारों से अधिक मेल खाती हैं। अपनी निराशा से लड़ने के लिए उन्होंने प्रार्थना का सहारा लिया, जो इस बात से स्पष्ट होता है कि पुस्तक की शुरुआत पूरी तरह ईश्वर, उनकी स्तुति और उनकी परिभाषा पर केंद्रित है। ईश्वर में विश्वास रहस्यवाद का परिणाम है, जो अवसाद की स्वाभाविक प्रतिक्रिया होती है। यह विचार कि यह संसार 'माया' या 'मिथ्या' है, एक सपना या कल्पना मात्र है, शुद्ध रूप से रहस्यवाद है, जिसे प्राचीन हिंदू ऋषियों, जैसे शंकराचार्य आदि ने विकसित किया था। लेकिन भौतिकवादी दर्शन में इस तरह की सोच के लिए कोई स्थान नहीं है। हालाँकि, लेखक का यह रहस्यवाद न तो

तुच्छ है और न ही निंदनीय। इसकी अपनी एक उपयोगी भूमिका होती है, जो समाज में योगदान दे सकती है। साम्यवादी समाज का बस इतना ही अंतर होगा कि वहाँ मानसिक श्रमिकों (बौद्धिक कार्य करने वालों) को शारीरिक श्रमिकों से श्रेष्ठ नहीं माना जाएगा।

लाला राम शरण दास की निःशुल्क शिक्षा की सोच वास्तव में विचार करने योग्य है। सोवियत रूस में समाजवादी सरकार ने भी इसी प्रकार की नीति अपनाई है।

अपराध पर उनकी चर्चा वास्तव में सबसे उन्नत सोच को दर्शाती है। अपराध एक गंभीर सामाजिक समस्या है, जिसे बहुत ही समझदारी और निपुणता से सुलझाने की जरूरत होती है। लाला राम शरण दास ने अपने जीवन का बड़ा हिस्सा जेल में बिताया है, इसलिए उनके पास इस विषय का व्यावहारिक अनुभव है। एक जगह, उन्होंने जेल में इस्तेमाल होने वाले कुछ विशिष्ट शब्दों का उल्लेख किया है, जैसे 'हल्का श्रम', 'मध्यम श्रम' और 'कठोर श्रम'। अन्य समाजवादियों की तरह, उनका भी मानना है कि दंड का आधार 'प्रतिशोध' के बजाय 'सुधार' होना चाहिए। अपराधियों को दंडित करने के बजाय उन्हें सुधारना ही न्याय व्यवस्था का मुख्य उद्देश्य होना चाहिए। जेलें सुधारगृह होनी चाहिए, न कि असली नरक। इस संदर्भ में, पाठकों को रूसी जेल प्रणाली का अध्ययन करना चाहिए।

मिलिटिया (सशस्त्र बल) पर चर्चा करते हुए, उन्होंने युद्ध के विषय को भी छुआ है। मेरी राय में, भविष्य के समाज में युद्ध केवल इतिहास की पुस्तकों में कुछ पन्नों तक सीमित रह जाएगा, और युद्ध में इस्तेमाल होने वाले हथियार केवल संग्रहालयों की दीवारों पर सजावट के लिए होंगे। क्योंकि उस समाज में ऐसे कोई परस्पर विरोधी या भिन्न स्वार्थ नहीं होंगे, जो युद्ध का कारण बनते हैं।

अधिक से अधिक, हम यह कह सकते हैं कि युद्ध को एक संस्था के रूप में केवल संक्रमणकाल के लिए बनाए रखना पड़ सकता है। इसे आसानी से समझा जा सकता है, अगर हम वर्तमान रूस का उदाहरण लें। वहाँ फिलहाल सर्वहारा (श्रमिक वर्ग) की तानाशाही है। वे एक समाजवादी समाज स्थापित करना चाहते हैं। लेकिन इस बीच, उन्हें पूँजीवादी समाज से अपनी रक्षा करने के लिए सेना बनाए रखनी पड़

रही है। हालाँकि, युद्ध के उद्देश्य अलग होंगे। हमारी 'सपनों की दुनिया' में साम्राज्यवादी महत्वाकांक्षाएँ अब युद्धों को भड़काने के लिए प्रेरित नहीं करेंगी। अब कोई युद्ध की जीत की ट्रॉफियाँ नहीं होंगी।

क्रांतिकारी सेनाएँ दूसरे देशों की ओर कूच करेंगी, लेकिन न तो लूटपाट के लिए और न ही वहाँ के लोगों पर शासन करने के लिए। बल्कि, उनका उद्देश्य उन शासकों को उनके सिंहासन से गिराना होगा, जो जनता पर परजीवी की तरह राज कर रहे हैं और उनका खून चूसकर शोषण कर रहे हैं। इस तरह, वे मेहनतकश जनता को आज़ाद करेंगे। लेकिन हमारे सैनिकों को लड़ाई के लिए उकसाने के पीछे कोई पुरानी राष्ट्रीय या नस्लीय घृणा नहीं होगी।

एक विश्व महासंघ सभी स्वतंत्र सोचने वाले लोगों का सबसे लोकप्रिय और तात्कालिक लक्ष्य है। लेखक ने इस विषय पर बहुत अच्छी तरह विस्तार से चर्चा की है। उनकी तथाकथित राष्ट्र संघ की आलोचना भी बेहतरीन है।

श्लोक 571–572 के नीचे एक फुटनोट में, लेखक ने संक्षेप में तरीकों के प्रश्न को छुआ है। वह लिखते हैं : 'ऐसा राज्य (राज्य व्यवस्था) शारीरिक हिंसक क्रांतियों के माध्यम से स्थापित नहीं किया जा सकता। इसे समाज पर जबरदस्ती थोपा नहीं जा सकता। यह भीतर से विकसित होना चाहिए...यह धीरे–धीरे विकास की प्रक्रिया से आएगा, जैसा कि ऊपर वर्णित शिक्षाओं के माध्यम से जनता को शिक्षित करके किया जा सकता है।' यह कथन अपने आप में कोई विरोधाभास नहीं रखता। यह पूरी तरह सही है। लेकिन क्योंकि इसे पूरी तरह से स्पष्ट नहीं किया गया है, इसलिए यह कुछ गलतफहमियाँ या इससे भी बुरा, एक भ्रम पैदा कर सकता है। क्या इसका मतलब यह है कि लाला राम शरण दास को अब बल प्रयोग की निरर्थकता का एहसास हो गया है? क्या वे अब पूरी तरह अहिंसा में विश्वास करने लगे हैं? नहीं, इसका यह अर्थ नहीं है।

अब मैं स्पष्ट करता हूँ कि ऊपर उद्धृत कथन का वास्तविक मतलब क्या है। क्रांतिकारी यह बात दूसरों से बेहतर जानते हैं कि समाजवादी समाज केवल हिंसक तरीकों से नहीं बनाया जा सकता, बल्कि इसे भीतर से विकसित और विकसित होना चाहिए। लेखक ने शिक्षा को एकमात्र हथियार के रूप में सुझाया है। लेकिन हर कोई आसानी से समझ सकता

है कि वर्तमान सरकार, या सच कहें तो सभी पूँजीवादी सरकारें, न केवल इस प्रयास में कोई मदद नहीं करेंगी, बल्कि इसे बेरहमी से कुचलेंगी। तो फिर उनकी 'विकास की प्रक्रिया' से क्या हासिल होगा? हम क्रांतिकारी सत्ता अपने हाथ में लेने के लिए संघर्ष कर रहे हैं, ताकि एक क्रांतिकारी सरकार का गठन किया जा सके, जो अपनी पूरी शक्ति जनता की शिक्षा के लिए लगा सके, जैसा कि आज रूस में किया जा रहा है। सत्ता प्राप्त करने के बाद, शांतिपूर्ण तरीकों का उपयोग रचनात्मक कार्यों के लिए किया जाएगा, और बल का प्रयोग केवल उन बाधाओं को कुचलने के लिए किया जाएगा, जो क्रांति के मार्ग में आएँगी। अगर लेखक का यही मतलब है, तो हम दोनों एक ही विचार पर हैं। और मुझे पूरा विश्वास है कि उनका आशय भी यही है।

मैंने इस पुस्तक पर विस्तार से चर्चा की है। बल्कि, मैंने इसकी आलोचना ही की है। लेकिन मैं इसमें किसी भी तरह का कोई बदलाव (परिवर्तन) करने के लिए नहीं कहूँगा, क्योंकि इसका एक ऐतिहासिक महत्व है। ये वही विचार थे, जो 1914–15 के क्रांतिकारियों के थे।

मैं इस पुस्तक को खासकर युवाओं के लिए पढ़ने की सिफारिश करता हूँ, लेकिन एक चेतावनी के साथ। कृपया इसे सिर्फ आँख मूँदकर न पढ़ें और इसमें लिखी हर बात को बिना सोचे–समझे सही न मान लें। इसे पढ़ें, इसकी आलोचना करें, इस पर विचार करें, और इसकी मदद से अपने खुद के विचार बनाने की कोशिश करें।

फाँसी नहीं, कृपया हमें गोली मार दो

सेवा में
पंजाब गवर्नर

मान्यवर,

सादर नमन के साथ, हम आपके दयापूर्ण ध्यान में निम्नलिखित बातें लाना चाहते हैं :

हमें 7 अक्टूबर सन् 1930 को एक ब्रिटिश अदालत, एल.सी.सी. न्यायाधिकरण द्वारा मृत्युदंड दिया गया था। यह न्यायाधिकरण विशेष लाहौर षड्यंत्र केस अध्यादेश के तहत गठित किया गया था, जिसे भारत में ब्रिटिश सरकार के प्रमुख महामहिम वायसराय द्वारा लागू किया गया था। हम पर लगाया गया मुख्य आरोप यह था कि हमने इंग्लैंड के राजा महामहिम किंग जॉर्ज के विरुद्ध युद्ध छेड़ा था।

उपरोक्त अदालत के फैसले ने दो बातों को पहले से ही मान लिया था :

पहली बात, कि ब्रिटिश राष्ट्र और भारतीय राष्ट्र के बीच युद्ध की स्थिति मौजूद थी। दूसरी बात, कि हमने वास्तव में उस युद्ध में भाग लिया था और इसलिए हम युद्धबंदी थे।

दूसरा अनुमान थोड़ा प्रशंसनीय लगता है, लेकिन फिर भी, इसे स्वीकार करने की इच्छा इतनी प्रबल है कि इसे नकारना कठिन है।

जहाँ तक पहले बिंदु की बात है, हमें इसे विस्तार से समझाना आवश्यक है। बाहरी तौर पर देखने पर, ऐसा कोई युद्ध नहीं लगता जैसा कि इस शब्द का अर्थ होता है। फिर भी, कृपया हमें इस अनुमान को उसके प्रत्यक्ष अर्थ में स्वीकार करने की अनुमति दें। लेकिन इसे सही तरीके से समझाने के लिए, हमें इसे और स्पष्ट करना होगा। हम यह घोषणा करना चाहते हैं कि यह युद्ध की स्थिति वास्तव में मौजूद थी और तब तक बनी रहेगी, जब तक भारतीय मेहनतकश जनता और प्राकृतिक संसाधनों का शोषण कुछ मुट्ठीभर परजीवियों द्वारा किया जाता रहेगा। ये परजीवी केवल ब्रिटिश पूँजीपति हो सकते हैं, या फिर ब्रिटिश और भारतीय दोनों का मिश्रण, या यहाँ तक कि पूरी तरह भारतीय भी हो सकते हैं। वे अपना यह छलपूर्ण शोषण मिश्रित या पूरी तरह भारतीय प्रशासनिक तंत्र के माध्यम से भी कर सकते हैं, लेकिन इससे कोई फर्क नहीं पड़ता। आपकी सरकार यदि भारतीय समाज के उच्च वर्ग के नेताओं को छोटे–मोटे लाभ और समझौतों के जरिए अपने पक्ष में करने की कोशिश करती है और इस कारण मुख्य संघर्षकारी शक्तियों में अस्थायी रूप से निराशा उत्पन्न होती है, तो भी इससे मूल युद्ध की स्थिति नहीं बदलती। कोई फर्क नहीं पड़ता, अगर एक बार फिर भारतीय आंदोलन की अग्रिम पंक्ति, क्रांतिकारी दल, इस युद्ध के बीच में खुद को अकेला पाता है। कोई फर्क नहीं पड़ता, अगर वे नेता, जिनके प्रति हम व्यक्तिगत रूप से कृतज्ञ हैं क्योंकि उन्होंने हमारे लिए सहानुभूति और संवेदनाएं प्रकट कीं, फिर भी इतने संवेदनहीन हो गए कि शांति वार्ताओं में उन बेसहारा, मित्रहीन और निर्धन महिला कार्यकर्ताओं का जिक्र तक नहीं किया, जिन पर यह आरोप लगाया जाता है कि वे इस अग्रिम पंक्ति का हिस्सा थीं। वे महिलाएं, जिन्हें इन नेताओं ने अपने काल्पनिक अहिंसक सिद्धांतों का दुश्मन समझा, एक ऐसा सिद्धांत जो अब बीते जमाने की बात हो चुका है। वे वीरांगनाएँ, जिन्होंने बिना किसी हिचकिचाहट के अपने पति, भाई और अपने सबसे प्रिय लोगों को बलिदान कर दिया, यहाँ तक कि खुद को भी बलिदान के लिए प्रस्तुत कर दिया, जिन्हें आपकी सरकार ने अपराधी घोषित कर दिया। कोई

फर्क नहीं पड़ता, अगर आपकी सरकार के एजेंट इतनी नीचता पर उतर आते हैं कि उनके निर्दोष चरित्र पर झूठे आरोप लगाकर उनकी और उनके संगठन की प्रतिष्ठा को धूमिल करने की साजिश रचते हैं। फिर भी, यह युद्ध जारी रहेगा।

यह युद्ध समय–समय पर अलग–अलग रूप धारण कर सकता है। यह कभी खुला होगा, कभी गुप्त, कभी केवल आंदोलनात्मक होगा, तो कभी जीवन और मृत्यु का भीषण संघर्ष बनेगा। इस संघर्ष की दिशा, चाहे वह खूनी हो या अपेक्षाकृत शांतिपूर्ण, का चुनाव आपके हाथ में है। आप जो चाहें, वह रास्ता चुन सकते हैं। लेकिन यह युद्ध निरंतर चलता रहेगा, बिना किसी तुच्छ (अस्पष्ट) बाधा या निरर्थक नैतिक विचारधाराओं की परवाह किए। यह युद्ध लगातार नए जोश, अधिक साहस और अडिग संकल्प के साथ लड़ा जाएगा, जब तक कि समाजवादी गणराज्य की स्थापना नहीं हो जाती और वर्तमान सामाजिक व्यवस्था पूरी तरह से बदलकर एक नई सामाजिक व्यवस्था में परिवर्तित नहीं हो जाती, जो सामाजिक समृद्धि पर आधारित होगी और जिससे हर प्रकार के शोषण का अंत होगा। तभी मानवता एक सच्चे और स्थायी शांति के युग में प्रवेश कर सकेगी। बहुत निकट भविष्य में, अंतिम युद्ध लड़ा जाएगा और अंतिम फैसला किया जाएगा।

पूँजीवादी और साम्राज्यवादी शोषण के दिन अब गिने–चुने रह गए हैं। यह युद्ध न तो हमने शुरू किया था और न ही यह हमारी मृत्यु के साथ समाप्त होने वाला है। यह तो ऐतिहासिक घटनाओं और वर्तमान परिस्थितियों का अनिवार्य परिणाम है। हमारे विनम्र बलिदान केवल उस संघर्ष की एक कड़ी होंगे, जिसे श्री दास के अद्वितीय बलिदान ने गौरवान्वित किया है, जिसे हमारे साथी भगवती चरण के सबसे दुखद लेकिन महानतम बलिदान ने संजोया है, और जिसे हमारे प्रिय योद्धा आजाद की गौरवशाली मृत्यु ने अमर कर दिया है।

जहाँ तक हमारे भविष्य का प्रश्न है, कृपया हमें यह कहने की अनुमति दें कि जब आपने हमें मृत्यु दंड देने का निश्चय कर लिया है, तो आप निश्चित रूप से इसे पूरा करेंगे। आपके हाथ में शक्ति है, और इस संसार में शक्ति ही सबसे बड़ा न्याय बन जाती है। हम जानते हैं कि 'जिसकी लाठी, उसकी भैंस' यही आपका मार्गदर्शक सिद्धांत है।

हमारे पूरे मुकदमे की प्रक्रिया इसी की पुष्टि करती है। हम यह बताना चाहते थे कि आपकी अदालत के फैसले के अनुसार, हमने युद्ध किया था और इसलिए हम युद्धबंदी हैं। इसी आधार पर, हम यह दावा करते हैं कि हमें युद्धबंदियों की तरह माना जाए–यानी हमें फाँसी देने के बजाय गोली मारी जाए। अब यह आपके ऊपर निर्भर करता है कि आप साबित करें कि आपकी अदालत ने जो कहा, उसे आप वास्तव में मानते भी हैं या नहीं।

हम अनुरोध करते हैं और आशा करते हैं कि आप कृपापूर्वक सैन्य विभाग को आदेश देंगे कि वह एक टुकड़ी भेजकर हमें फाँसी देने के बजाय 'फायरिंग स्क्वॉड' द्वारा मृत्युदण्ड निष्पादित करें।

आपका,
भगत सिंह